知识产权译丛

IMAGINE THERE IS NO COPYRIGHT AND
NO CULTURAL CONGLOMORATES TOO

[荷] 约斯特·斯密尔斯 | 玛丽克·范·斯海恩德尔 著

抛弃版权
文化产业的未来

刘金海 译

知识产权出版社

This book was published with the support of the Dutch Foundation for Literature.（本书的出版得到了荷兰文学基金会的资助。）

责任编辑：范红延　　　　　　　责任校对：韩秀天
封面设计：潜行者工作室　　　　责任出版：卢运霞

图书在版编目（CIP）数据

抛弃版权：文化产业的未来/（荷）斯密尔斯，（荷）斯海恩德尔著；刘金海译.—北京：知识产权出版社，2010.8
（知识产权译丛）
ISBN 978－7－5130－0086－4
Ⅰ.①抛… Ⅱ.①斯… ②斯… ③刘… Ⅲ.①文化—产业—研究 Ⅳ.①G114
中国版本图书馆 CIP 数据核字（2010）第 128186 号

抛弃版权：文化产业的未来

[荷] 约斯特·斯密尔斯
[荷] 玛丽克·范·斯海恩德尔　　著
刘金海　译

出版发行：
社　　址：北京市海淀区马甸南村 1 号　　邮　编：100088
网　　址：http://www.ipph.cn　　　　　　邮　箱：bjb@cnipr.com
发行电话：010－82000860 转 8101/8102　　传　真：010－82005070/82000893
责编电话：010－82000860 转 8026
印　　刷：北京富生印刷厂　　　　　　　　经　销：新华书店及相关销售网点
开　　本：880mm×1230mm　1/32　　　　　印　张：4
版　　次：2010 年 9 月第 1 版　　　　　　 印　次：2011 年 6 月第 2 次印刷
字　　数：81 千字　　　　　　　　　　　　定　价：20.00 元
京权图字：01－2010－5024
ISBN 978－7－5130－0086－4/G·338（3032）

出版权专有　　侵权必究
如有印装质量问题，本社负责调换。

前　　言

版权让创作者独享艺术作品的控制权，且其控制范围不断扩大。一般说来，版权的实际所有者不是作者本人，而是大型文化企业。它们不仅制作大量电影、乐曲、戏剧、书籍、连续剧、视觉艺术与设计作品，还把持着这些作品的市场发行和销售，左右着大众日常观看、阅读和收听的内容。

当然，数字化技术在未来可能会扭转当前市场垄断和投资过度的局面。但是，我们对此没有完全的把握。娱乐企业资本雄厚，触角伸向世界各地。文化是棵绝佳的摇钱树。现阶段，我们没理由相信，国际文化产业巨头将会轻而易举地放弃自身的市场支配地位，不论是在传统领域还是数字化领域。

因此，我们要居安思危。当一小撮企业集团在一定程度上控制了公共文化交流，民主将随之受到侵蚀。《世界人权宣言》所主张的言论自由和社会文化生活的参与权，最终将变成少数企业主管和投资者的专利，迎合这些人的思维观念，服务于他们的经济需要。

我们绝不相信这是仅存的选择，搭建公平竞争平台的可能性依然存在。在我们眼中，版权成为一块绊脚石。与此同时，我们还注意到了畅销书、卖座影片和文化巨头旗下明星们所带来的负面效应。他们的市场支配地位令很多艺术家的作品无法栖身。这些作品徘徊在市场边缘，普通人根本难以察觉其存在。

在第一章中，我们将分析版权的弊端。读罢后，理性之人不会再笃信版权体制。当然，并非只有我们认识到了版权的弊病。因此，在第二章中，我们会详述挽救版权制度的种种尝试。虽然，试图寻找替代方案的言行令人钦佩，但我们认为，在21世纪，只有采取更彻底、更触及本质的方法才有助于人类进步。这些内容将在第三章展开。此外，我们努力为文化领域的众多企业家（也包括艺术家）搭建一个公平的竞争平台。按照我们的分析，这个竞争平台里没有版权的位置，也不容市场寡头。

我们希望：

——在失去了版权的保护后，在卖座片、畅销书和明星身上耗费巨资将不再有利可图，它（他）们从而也就失去了市场的支配地位；

——在制作、发行或销售上投入重金的市场条件不复存在，竞争法案和所有权法规是保证公平竞争的绝佳法宝；

——古今文化遗产以及公共领域❶中的艺术创新和知识积累将不再为某些人（或集团）据为己有。

如此一来，市场将变得非常开放，艺术工作者们可以摆脱文化大鳄的纷扰，与受众进行交流，进而轻松提高作品销量。同

---

❶ 公共领域（Public Domain）是人类的一部分作品与一部分知识的总汇，可以包括文章、艺术品、音乐、科学、发明，等等。对于领域内的知识财产，任何个人或团体都不具有所有权（所有权通常由版权或专利体现）。——译者注

时,受众也将能够根据自己的口味更加自由地选择文化产品,无须再面对铺天盖地的市场推广活动。在第四章,我们将通过简单的案例分析阐述我们方案的可行性。

我们意识到自己的提议会对市场形成严重干预。有时候,一想到这一点,心里就惴惴不安。我们希望将资金从海内外运作的大企业——这是文化领域企业的现状——抽出来,拆分到小企业当中。这牵涉到大范围的资本重组,几乎史无前例。一旦我们的方案推行,价值数百亿元的文化传媒产业将被推倒重来。创建全新的文化市场模式,我们几乎无先例可循,甚至难觅相关的理论。聊以慰藉的是,富兰克林·罗斯福(Franklin D. Roosevelt)在实施新政时也没有意识到日后的成就。罗斯福的成功证明,对经济模式进行根本性变革是可行的。

这让我们敢于提出自己的见解和意见,以供讨论和进一步完善。2008年诺贝尔经济学奖得主保罗·克鲁格曼(Paul Krugman)曾写道:"渐渐地,数字化将成为必然趋势,令知识产品复制起来更加方便,高价策略更难维系。因此,我们必须找到顾及这一现实的经济贸易模式。(New York Times, 6 June 2008)"克鲁格曼语出惊人,但论调却令人振奋。准确地说,设计这种全新的商业经济模式正是本书的目的所在。

从各章节的内容摘要可以看出,本书绝非版权史或者版权应用方面的专著。在这方面,多亏已有大量优秀论著发表,诸君尽可参阅,如:本特利(Bently)2004年、德赖尔(Dreier)2006年、戈尔德斯泰因(Goldstein)2001年、尼默(Nimmer)1988

年和 1994 年、里基森（Ricketson）2006 年、谢尔曼（Sherman）1994 年出版的相关图书。版权基本理论及其相关问题的入门读物参见维基百科"知识版权"词条（http：//www.wikipedia.org/wiki/copyright）。

我们的目的不是厘清文化悲观主义或乐观主义等虚无的概念，而是务实。如果版权制度和现今的市场模式不合理，那么我们自觉有必要提出自己的解决方案。同样，我们也没有兴趣去区分阳春白雪与下里巴人，辨别精英艺术与大众文化。毕竟，电影就是电影，书就是书，音乐会就是音乐会，别无二致。关键是要发现这些文化产品（不论好坏美丑）的制作、发行、推广和销售现状，并挖掘出它们对个人和大众产生的影响。当然，对于哪位艺术家因何能够成为大腕，由谁出于何种目的加以提携，以及谁因自己的作品未能成名或饱受抨击，目前争议不小。本次研究意在指出，艺术表现形式应该多样、多元，我们也能够创造出相应的经济条件实现这种多样性和多元化。

实际上，"版权"这个词涵盖了两个概念。从本质上讲，作品的使用权不同于艺术家（或者称为作者）的权益，后者在法语中统称为 droit d'auteur（著作权）。但是，在国际法和业界实践中，这两个概念却已经完全融合在 copyright（版权）这个英文词中。本书不讨论这两个概念的其他区别，因为我们最终的目标是取消版权制度。书中各章中出现的"作品"一词，涵盖所有类型的音乐、电影、视觉艺术、设计、书籍、戏剧和舞蹈。

新自由主义在过去几十年里所引发的变革——娜奥米·克莱

因（Naomi Klein）在2007年出版的《震撼主义》（The Shock Doctrine）一书中对此有过论述——同样影响了文化交流。我们逐渐丧失了对文化市场的组织管理权，以至于艺术表现形式的多样性在大众意识中的作用越来越小，这是最突出的问题。

文化诉求是形成个性和社会认同的核心要素。此类极端敏感的大众生活领域不应控制在一小撮版权所有者手中。但是，这些人通过占有数以亿计的版权，的确正在控制着大众文化交流的内容。

成千上万的艺术工作者在这块阵地（艺术创作和表演领域）上冲锋陷阵，日复一日地创作出纷繁多样的艺术作品。这是积极的一面，不应忽视。但令人沮丧的一面是，由于文化企业巨头及其文化产品的市场支配地位，文化多样性——虽然我们难以觉察到它的存在——就要在大众视野和人们的共同意识中消失殆尽。

我们有必要重建包容文化争鸣的公共领域，但这需要对文化界现状进行广泛的批判。因此，本书倡导变革。我们认为，创建大众拥有制作发行资源的文化市场是可以实现的。根据我们的推断，如此一来，没有人能够通过所有权独占来摆布文化产品的内容或使用形式。通过搭建海纳百川的文化市场，我们作为独立的个人重新掌握了自己的文化生活。文化市场必须根植于社会、政治和文化的广阔天地。

针对是否可以且有必要进行市场监管以兼顾经济利益和其他诸多方面利益，2008年出现的经济危机再次引发了论战。竞争法（或称反托拉斯法）等法律手段依然十分奏效，它们能够确保市场不会出现具有支配性地位的集团。我们将在第三章对此进行讨论。

当然，本书的主题是版权。为什么？一方面，社会上充斥着"版权即人类文明诉求"的观念，且弥漫着这样一种情绪：版权制度保护了艺术家，令其因作品而受人敬仰。因此，我们需要阐明版权没能做到这一点的原因。推行竞争法（反垄断法）可以加强市场秩序，这点自然不必赘述，因为机制已经建立起来。唯一需要解释的是，要想实现文化市场的根本性变革，需要颇费一番气力。另外一方面，版权制度已经开始走下坡路。

有人可能想知道，我们为何要逆新自由主义之潮进行本次研究。第一个原因来自于文化、社会和政治三个层面。我们必须保护公共领域。艺术家、制作人及赞助方必须接触大量不同的受众群体，才能方便地打开作品销路。

我们认为自己的分析和建议并不脱离现实，其第二个原因是历史经验。历史告诉我们，权力架构和市场格局不断演变。那么，为何本书的研究对象就不会如此呢？第三个原因则源于2008年爆发的金融危机所带来的乐观迹象。正是在那一年，新自由主义的没落变得异常明显。如果非要说，人们唯一明确的就是，市场（包括文化市场）需要彻底重组，需要照顾到更广泛的社会利益、生态利益、文化利益、社会学利益和宏观经济利益。

我们的根本动机再简单不过：这是我们的使命，学术责任感鞭策着我们。显而易见，版权这一旧有体制正在土崩瓦解。因此，找到某种机制代替版权及其连带的文化市场控制权是我们面临的挑战。究竟哪种机制能够更好地照顾广大艺术家的利益，服务于公共领域呢？正是这一艰巨的任务吸引世界各国同仁献计献策，寻找推动人类在21世纪继续进步的最佳方案。需要做的工作依然不少，这其中就包括我们将在第四章详述的若干理论模型。可喜的是，与过去相比，现在的研究资源更加丰富。归根结底，我们所探讨的是对每年全球投入数百亿资金的文化市场进行彻底重组。

一些（学术界）同仁乐于分享他们的真知灼见（有时也提出质疑）并给予鼓励，我们对此倍感荣幸。他们包括 Kiki Amsberg、Maarten Asscher、Steven Brakman、Jan Brinkhof、Jaap van Beusekom、Eelco Ferwerda、Paul de Grauwe、Pursey Heugens、Dragan Klaic、Rick van der Ploeg、Helle Posdam、Kees Ryninks、Ruth Towse、David Vaver、Annelys De Vet、Frans Westra、Nachoem Wijnberg 和 Alan Story 领导的 CopySouth 研究小组全体成员以及由 Fiona Macmillan 主持的伦敦大学伯克贝克法学院艺术与人文研究委员会（Arts & Humanities Research Council, Birkbeck School of Law, London University）版权研究群的参与者们。特别感谢 Rustom Bharucha、Nirav Christophe、Christophe Germann、Willem Grosheide、Jaap Klazema、Geert Lovink、Kees de Vey Mestdagh 和 Karel van Wolferen 通读了全文并指出了本书的不足。约斯特·斯密尔斯（Joost Smiers）受邀在全球多所大学和国际性会议上就本书内容做演讲。这给予我们难得的机会在反馈的基础上改进我们的分析和建议。

由衷感谢帮助我们顺利完成研究的人们。毕竟，我们是在摸着石头过河。即便我们对市场进行干涉的建议得以采纳，市场发展依然变化莫测。面对如此大的不确定性，难怪部分评论人士无法认同我们的分析。对于他们所给予的真诚支持和重要评语，我们格外感激。

　　我们还要特别感谢约斯特·斯密尔斯的同事吉普·哈古尔特（Giep Hagoort），他在乌德勒支艺术学院艺术和经济研究所（Art & Economics Research Group, Utrecht School of the Arts）工作的25年间，一直以饱满的工作热情向企业家传授艺术的商业运作模式。因此，文化企业的概念在本书中占有重要一席之地绝非偶然。文化企业家——不论是艺术家，制片人还是赞助方，都应该得到在公平竞争的市场上一展身手的机会。实现这一目标正是本书的目的所在。

目　录

第一章　反对版权的若干观点 …………………… 1
　　知识产权 ………………………………………… 1
　　原创性和明星效应 ……………………………… 4
　　收入真的是动力？ ……………………………… 8
　　《与贸易有关的知识产权协定》（TRIPS） ……… 11
　　打击盗版或更重要的事情 ……………………… 14
　　创意产业，版权复辟？ ………………………… 16
　　充分的理由 ……………………………………… 18

第二章　差强人意甚至更差的替代方案 ………… 20
　　大而不实 ………………………………………… 20
　　回归老体制 ……………………………………… 22
　　集体所有制 ……………………………………… 28
　　联合收费和集中征收 …………………………… 33
　　垄断独占 VS 知识共享 ………………………… 38

第三章　公平竞争的文化市场 …………………… 43
　　从法律视角到经济视角 ………………………… 43
　　竞争法（反垄断法） …………………………… 46

文化企业家 ·· 51
　　不给小偷留机会 ·· 54
　　文化多样性 ·· 58
　　战略性考虑 ·· 59

第四章　异想天开？ ·· 63
　　迷你案例分析 ··· 63
　　书籍 ··· 68
　　音乐 ··· 71
　　电影 ··· 75
　　视觉艺术，摄影和工业设计 ······························ 81

第五章　结语 ··· 88
　　层出不穷的疑问 ·· 88
　　与其他类知识产权有可比性吗？ ······················· 89
　　许许多多艺术家 ·· 94

参考书目 ·· 96

第一章 反对版权的若干观点

知识产权

1982年,时任美国电影协会主席的杰克·瓦伦蒂(Jack Valenti)宣称,"创意产品所有者必须享有与国内其他产品所有者相同的权利,受到同样的法律保护"(Lessig 2004:117)。在此之前,人们普遍认为,知识产权是一项比较有限度的权利,不能与其他权利相提并论。瓦伦蒂后来还加了一句话,要求版权给予所有者对诸如电影或乐曲的绝对控制权,保护期限只比"永远"少一天。

只比"永远"少一天?他在开玩笑吗?恩,也许有点玩笑的成分吧。但是,瓦伦蒂的一席话无疑具有话题性,特别是在当年。如今,音乐、图片、电影或文本的所有者对其所有物拥有了极大的——近乎是完全的——处置权,却鲜有人再对此深究。25年过去,沧海变桑田。对于知识和创新遭人侵占,我们俨然已经习以为常,尽管它们实际上归大众所有。在本章中,我们将列举一些观点,说明这种习以为常的坏处。

其中一些观点源于版权的基本原则。从本质上讲，版权是一种所有权。只要依附并受制于社会、社会经济、宏观经济、生态或文化等方面的利益——这些利益对个人道德或价值取向的影响不应低于其对个人得失的影响，那么版权具有所有权性质便无可指摘。独家利用作品的排他性权力由此产生。也许，有人会从文化的角度质疑给艺术作品贴上个人所有权标签的正当性和必要性。因为，它将人际交流中不可或缺的部分化为个人所有，这对于民主不利。

将版权描述成内容审查机制真的言过其实吗？并不尽然。首先，要考虑到艺术作品大量借古鉴今。广阔无边的公共领域为艺术家提供了素材。不论作品多么令人赏心悦目，艺术家仅凭锦上添花就得到整件作品的所有权，这难道不令人感到非常奇怪吗？由此产生的所有权权益影响深远：除了所有者之外，无人再有权擅自改动或使用这件作品。于是，人际交流的大部分内容遭到禁锢。大多数情况下，从现存作品中获取灵感并无大碍，但当新作品中浮现出其他作品的影子——哪怕只有一丁点儿，麻烦就来了。

这为何成为首要的问题？艺术创作展现的是多种多样的情感，诸如快乐和悲伤。音乐、电影、图片和戏剧在生活中随处可见。萝卜白菜各有所爱，你所欣赏的可能被他人嗤之以鼻。当今社会的艺术文化领域绝非一潭死水。人们经常争议什么是美什么是丑，什么能够言简意赅表述，什么能够使人群情激昂，什么又令人迷惑不解。更重要的是，到底谁有权决定哪些艺术作品可以大量面世,哪些只能零散出现?其背景、资金来源及目的何在?这些问题意义重大,对于形成塑造个性的艺术氛围起决定性作用。作为强烈的表现形式,收听、阅读、观看的内容会渗透进我们的意识当中。

但是,版权所针对的,正是这些影响着生活内容和生活方式的敏感内容。我们讲过,版权是一种所有权,只有艺术作品的所有者才能决定其运用方式。除了所有者外,他人无权对作品进行改动。换句话说,作品的内容和表现形式不容他人指摘。这意味着,交换意见根本不存在。言论自由或多或少地受到了限制。沟通交流变成单向的,由一方(即所有者)操控。只有所有者有权改进作品,提高作品的艺术价值,而后,他人不容染指。我们仅剩的权利就是消费——不论是按字面意义理解还是按引申意义理解——并对作品进行品头论足。这对于民主社会来说远远不够。

因此,罗斯玛丽·库姆(Rosemary Coombe)强调,"人性的本质就是创造、质疑和变革的能力"。她由此得出一个十分重要的结论:"如果事实的确如此,那么滥用知识产权并不断扩大知识产权保护范围将夺走我们身上的人性。交流是双向的,即用信号回应信号。收到大量信息却不能回应,看到大量符号和形象却不能质疑其含义,对话还有什么意义?"(1998:84,5)

根据我们的了解,罗斯玛丽·库姆在论著中并没有进一步指出艺术作品所有权构成了内容审查。但是,我们愈发强烈地感觉到,很多作品已经被据为私有,由个人专享独占。

我们对内容审查的看法并不完全是偏见。版权概念可以追溯到英国女王玛丽一世❶在1557年授予出版商行会❷的特权。当时，行会成员迫切希望获得出版印刷专营权，从而将其他各郡和苏格兰境内的同行们挤出市场。这种专营权可与我们早先提及的垄断所有权相提并论。玛丽一世也有既得利益，她可以借此阻止异教学说的传播并扼杀质疑其合法性的观点。这一协议让玛丽一世与出版商们各得其所。（Drahos 2002：30）

原创性和明星效应

版权包含一个基本原则，即明确禁止非版权所有者对原作进行任何形式的修改变动。这是艺术家从作品中获得的精神权利❸。其背后的指导原则是艺术创作的唯一性、原创性和真实性。只有他们有权支配作品的未来，只有他们有权决定作品的表现形式，只有他们有权决定作品能否修改变动，只有他们有权决定作品在何种条件下才会成功。艺术家们提出这些要求非常合情合理。难道作品的完整性不应该受到保护？这些都是法律问题，其本质就是我们对他人作品的尊重程度。

---

❶ 玛丽一世，1553～1558年在位。她在父亲亨利八世死后夺回王位，把英国从新教恢复到罗马天主教。因此，玛丽一世在位期间一直受到新教势力及颠覆势力的威胁。——译者注

❷ 1403年成立于伦敦，1557年建立皇家公司，它靠特许避免了外部竞争，但在版权问题上内部斗争不断，遂产生版权登记。——译者注

❸ 精神权利（moral rights）是著作权的基本内容之一，它包括署名权、发表权和保护作品完整权。——译者注

人们立即会想，为了获得尊重，创作者是否有必要获得作品的排他性垄断所有权。在大多数文化中，品评作品从来不以获得所有权为前提。很多情况下，作品受到复制或模仿甚至是一种殊荣。所以，在过去的几百年里，原创性和排他性在西方文化中的联系如此紧密必定另有原因。这可能与个人观念的发展有关。个人观念的发展导致了大众自身观念的巨大变化。相比过去，个人的社会意识越来越淡薄。作品仅仅属于个人成就，当某件作品充分展现了人类的聪明才智时，这种观念就尤其突出。这使得艺术和艺术家之间的关系几乎被神化了。

按照这种观念，精神权利的概念发生变化就不足为奇。但是，其变化内容合理吗？我们认为不合理。我们已经提及艺术作品不容他人染指对民主交流所造成的危害。实际上，作品是从广大艺术家和群众创作、展示和交流的内容里逐步发展出来的。将作品的绝对控制权给予某位艺术家的确有些过分。

20 世纪 30 年代，德国文化哲学家韦尔特·本雅明（Walter Benjamin）提出，随着复制技术的改进，艺术作品的光环将逐渐消失。这一论断与现实相去甚远。实际情况是艺术作品的这种光环扩大了上千倍，唯一性、原创性和真实性的观念也加深了上千倍。为了业绩，从事大规模生产、复制和发行活动的文化企业巨头亟须将签约艺术家及其作品的光环提高到极致，目的就是为了控制作品及其欣赏环境。精神权利是现成的手段，确保了企业生产的知名作品不受他人侵犯。

我们不赞同赋予作品精神权利，原因有二。首先，艺术作品实际上是一个连续的发展过程，绝对所有权的观点站不住脚。如果文化企业巨头被发觉正在使用精神权利概念对作品的社会功能实施绝对的内容控制，那么人们就难以接受精神权利原则。

我们很清楚，某些艺术家可能不喜欢我们干涉精神权利。他们可能不喜欢我们的看法：精神权利没有存在的合理性、甚至在文化领域可能产生反作用。精神权利维系着一个由巨星、卖座片和畅销书组建的体系。受到明星文化的影响，那些形象受精神权利保护的明星们，在某种程度上导致许多艺术家不受媒体关注。至少，这种情况令人鄙夷，并会带来巨大的变数。

其次，即使我们认定精神权利（以及后文将讨论到的开发利用权）的存在不合理，我们依然需要回答许多问题。其中，最重要的问题是，艺术家是否应该眼睁睁地看着别人改动自己的作品却没有任何发言权？实际上，目前没有任何选择的余地。对于某些人来说，这绝对是文化冲击。然而，在从未出现过版权和精神权利的文化中，人们的感受不会那么深刻。此外，也不会有人大肆抢夺艺术作品并采取不恰当的处理方式。当然，对于哪些改动可以接受，哪些又会伤害作品的完整性，需要在全社会进行公开讨论。

艺术家发现自己的作品可能会出现在令人厌恶的场合（这恐怕绝非艺术家的本意）。例如，作品的用途遭到作者的强烈反对或憎恶。版权就可以化解这种糟糕的情况。由于作品的使用未经许可，法庭不费吹灰之力就可断定版权受到了侵犯。倘若如我们所述，版权不再存在，问题该怎样解决？我们认为，相比而言，法律手段更能够保障艺术家不受玷污的合法权益。我们所说的玷污是指中伤人格的行为，以及错误和不道德的行为。

如果认为作品受到不公正的对待，艺术家可以提请法院裁定，但必须说服法官。我们承认，赢官司不再是天经地义的事，但这确有好处。法律将成为裁决的准绳，并通过处理这些棘手问题得以发展。另一个好处自然是艺术作品可任人改动，展示场合也不再受限。换句话说，就是允许二度创作。这可谓一大进步，由于精神权利的废除，二度创作将不再受干扰。

但是有些时候，艺术家坚持按照自己的想法再现作品，即使这当中不存在任何错误和不道德行为。有鉴于此，我们没有妄下定论。一旦废除精神权利，人们就会肆无忌惮。尊重作品和作者，是社会交往的一大准则。为什么不遵守它呢？这并不难。艺术家有权大幅修改他人的作品，注入自己的理解，但应该声明改动后的作品实际上是基于原作的全新作品。这样一来，人们会清楚地了解到，原作者是想以不同的方式呈现自己的作品。从文化的角度来说，了解这一点也很重要，这让我们能够掌握创作的来龙去脉，熟知作品的变化历程。

我们要防止有人曲解我们的想法。我们完全反对剽窃。由张三创作的电影、书籍或者音乐，李四绝对不可以署名。这是百分之百的剽窃、欺诈或歪曲事实，怎么理解都行。一旦发生此类行为（迟早都会发生），剽窃者必将承担法律后果，处以相应的罚金。我们根本不需要版权体系来处理这种问题。

对于大多数艺术门类而言，即使步入数字化时代，取消精神权利也不会抹杀原作,作品的收听、观看和阅读丝毫不受影响。当然,美术作品的情况略微不同。比方说,您在一幅画上挥毫泼墨,或者用刀子刮上几下,那么这幅画就再也无法复原。修缮得好尚能恢复几分本来面目,但也仅仅是可能。如果有人认为这幅作品不应该这样画,那么他只有一个选择:按照自己的想法重画一幅。从文化的角度来讲,这可能很有趣,因为引起争议的原作依然存在。接下来,人们可以开始讨论新旧两幅画的区别。这难道不是民主社会的一大优势吗?

收入真的是动力?

版权能够给艺术家们带来收入,这一论调常用来为版权制度辩护。没有版权,就不会有广受欢迎的刺激大片、歌曲和小说,人们也就失去了创作的动力。文化企业特别愿意用此观点。艺术家及许多文艺团体也认为,一旦失去收入保障,他们必将穷困潦倒。

事实果真如此吗?对于很多艺术家来说,收入在很大程度上与版权无关,我们的观点有着十分充足的理由。当然也必须承认,艺术企业和少数艺术大腕依靠版权获利颇丰。但对于大多数艺术家而言,版权并不是重要的收入来源(Boyle 1996:xiii;Drahos 2002:15;Kretschmer 1999;Vaidhyanathan 2003:5)。经济学研究显示,90%的艺术家只得到了各类版权收入的10%,而10%的人得到了剩余的90%收入。马丁·克雷奇默(Martin

Kretschmer)和弗里德曼·卡沃尔（Friedemann Kawohl）指出，"大多数文化产业都是这种胜者通吃的市场模式"（2004：44）。迈克尔·佩雷尔曼（Michael Perelman）在研究中点明，"本应属于全体艺术工作者的商业收益最终被其中的一小撮人攫取"（2002：37）。甚至《高尔斯知识产权报告》❶ 也不得不承认，"创作者通常只得到了音像制品版税的一小部分"（2006：51）。

《高尔斯知识产权报告》并不相信，创作回报的观点站得住脚。目前，很多乐队进行音乐创作，却毫无收到版税的希望。甚至在英美两国，情况也是如此。全球大部分版权收益都流入了英美两国，大多数国家只能保留少部分版税，对于在那些国家工作生活的艺术家来说，版税根本就不是主要的收入源。露特·陶斯（Ruth Towse）在讨论音乐领域时就得出了一个必然的结论："对于大多数作曲家和演奏家来说，版权收入听到的多，拿到的少"（2004：64）；超级巨星的收入是天文数字，其他人分点残渣（2004：14，5）。

我们还应该从更宏观的视角来审视文化领域的低收入问题。那就是弹性化雇佣的出现。一直以来，艺术创作严重倚靠毫无保证的短期合同。与其他领域相比，文化界更深切地感受到雇佣弹性化所带来的变化无常、无保障、容易受伤、工作条件恶劣以及缺少养老和孕妇保障条款（Rossiter 2006：27）。大多数艺术家的

---

❶ 2005 年 12 月，英国财政部委托《金融时报》资深编辑安德鲁·高尔斯（Andrew Gowers）牵头对英国知识产权制度展开为期一年的独立调查，剖析知识产权制度存在的问题，并提出对策和建议报告。该报告于 2006 年 12 月公布。——译者注

版权收入寥寥无几，但正是这些人在各个领域孜孜不倦地创作，见缝插针地表演。这样做也非常重要，因为不为人所知就等于不存在。总而言之，对于大多数艺术家来说，创作的紧迫感显然让他们忍受了这些不确定的条件。

如果版权与大多数艺术家不甚相关，那么得出这样的推论就更合逻辑：企业把版权当宝是为了保护投资。所以，版权保护期限越来越长，保护的范围也越来越大，甚至声音、味道、气味等观感内容也正在被纳入版权的适用范围（Bollier 2003：218）。

2003年，美国最高法院裁定将版权保护期限延长至作者死后70年。《纽约时报》的标题写道："很快，版权就意味着永远。"文章担心，实际上，"最高法院的裁决可能让我们开始见证公共领域的消亡和版权永久化的诞生。"紧接着，文章发出了心底里的呼唤："公共领域是一块伟大的试验田，不应该让它走向终结。"（International Herald Tribune, hereinafter referred to as IHT, 17 January 2003）

露特·陶斯以一个具体的例子告诉我们当前的形势。2006年，迈克尔·杰克逊将甲壳虫乐队作品的版权卖给了索尼公司，售价约10亿美元。"这说明了一点，人们不必成为艺术家就能发现，这些资产会随着保护力度的增强和保护期限的延长而增值"（2006：11）。版权产业资产的总额不低。例如，"国际知识产权同盟（IIPA）"[1]撰写的一份报告显示，版权产业2005年的资产

---

[1] 也称"美国国际知识产权联盟"（International Intellectual Property Alliance），成立于1984年，是美国版权产业的一个民间组织，宗旨是促进版权的国际保护。——译者注

价值 1.38 万亿美元，相当于美国国内生产总值的 11.2%，带来 11 325 700 个工作岗位（Siwek 2007：2）。即使与实际情况不符——夸大版权的重要性对国际知识产权同盟有好处，这些数字依旧惊人。

唱片公司和电影公司相当卖力地呼吁保护版权。但是不要忘记，图片影像市场已经出现了不少垄断机构。除了微软公司，比尔·盖茨还拥有一家叫做考比斯（Corbis）的公司，该公司在世界各地大肆收购视觉影像作品，将其数字化后在市场上出售。截至 2004 年，其作品收购数量达到了 8 000 万之巨。华盖创意（Getty Images）公司也利用 iStockphoto 图片交换网络，专门从事类似的买卖（Howe 2008：7）。实际上，全世界很大一部分视觉影像作品业已落入这两家大企业手中。

大家在下一章中将发现，文化行业要想维系版权制度需要面对诸多困难。因此，现在有人倾向于废除这部分法律框架，转而通过另外两种方法寻求庇护。一种方法是以契约法为基础设立消费者使用条例，强令消费者接受。另一种方法则是在人们收听音乐或使用其他作品时不设置过多障碍，而是通过植入广告赚取收入。目前，后一种方法用得越来越多。

《与贸易有关的知识产权协定》（TRIPS）

经济全球化的深入给知识产权所有者带来了巨大的海外市场，但又常常难以在其他国家保护自己的权益，这是知识产权所有者曾遇到的一大难题。既不能强迫别国设立版权法，也不能强迫别国推行或者实施版权法，那么知识产权所有者采用了什么办法呢？在20世纪整个80年代及90年代初期，大型文化企业曾试图与某些国家通过谈判签署具有强制效力的条约，而制药业和农产品行业也想对专利权采取同样的办法，由此促成了世界贸易组织《与贸易有关的知识产权协定》（Treaty on Trade Related Aspects of International Property Rights，英文缩写为TRIPS）的签署（Deere 2009）。

协定签署国须采取一致的版权保护标准，并将之纳入本国法律。这还是老一套。《与贸易有关的知识产权协定》的新意在于，假如某国保持自身法律体系不变，并未设立或推行版权法，别国可以依据该协定对其进行制裁。这也是世界贸易组织框架下其他协定所具有的特点。

那么，这种机制如何发挥作用呢？如由于一国执法不严（可能）导致另一国企业损失大笔知识产权收入，该国可向法庭（即《与贸易有关的知识产权协定》专家组）提起诉讼。原告方如果获胜将有权惩罚执法不严的一方，例如大幅度提高某种商品的进口（或出口）关税。它可以选择任何一种（或一系列）能给受罚国造成巨大损失的产品，该产品不必非与成为贸易战导火索的实际产品沾边。这就是世界贸易组织及《与贸易有关的知识产权协定》的新效力。

《与贸易有关的知识产权协定》启动的这一机制，不仅在历史上首次实现了知识产权保护，还催生了一个变化。过去，维系版权制度在理论上是为了保护创作者及其创造的公共领域内容。至少相对美国而言,这更符合欧洲的情况。《与贸易有关的知识产权协定》出现后,作者的地位已让位于知识、技术和创意,买卖交易成为后三者存在的根本目的,整个世界成为其潜在市场,大型文化企业将其掌握在手中——服务于全球各个角落,借由知识产权来对其加以利用。

可以说,《与贸易有关的知识产权协定》因此一举成名。许多人心中对知识产权体系正当性的疑问从此消失。但是,绝大多数穷国和赤贫国家却无以宽慰。大多数权益(不仅包括版权,还包括专利权和商标权)成为富国企业的财产。多数权益的保护期限很长。而且,包括穷国在内的各国政府都必须尽可能地帮助富国的私企落实它们的权益(Deere 2009:67)。

但是实际上,您可能会想,如果所需原料(如知识)不能免费获得而必须购买(如果能买到的话),穷国能够发展得起来吗?在 19 世纪,北半球国家或称西方国家——随你怎么称呼——能够随意使用身边的知识而完全不受知识产权的限制。当然,现在说这个有点愤青。

因此,彼得·德劳霍什认为,版权体系的无休止扩张代价过于高昂。在他看来,不能把《与贸易有关的知识产权协定》与其他迫切需要解决的国际问题分割开来,诸如"发达国家与发展中国家不断扩大的收入差距、利润过高、大企业对政府的影响力、国家主权的沦丧、全球化、使用和管理生物技术的相关道德问题、食品安全、生物多样性(这三个与植物、种子和基因的专利权有关)、可持续发展、原住民的民族自决、医疗权以及公民获得文化产品的权利"(2002：16)。

打击盗版或更重要的事情

在世界各处推行版权保护的尝试在一些国家正面临着重重障碍。在这些国家里，由于政府不愿推行或推行力度不够，人们直到近期才对版权有所了解（Deere 2009）。盗版也是一个严重问题。盗版既可以是规模化、产业化行为，也可以是个人出于完全不同的目的在家里与地球另一端的某个人自由地直接交换音乐的行为。我们应该如何辨别呢？

过去几十年来，出现了大量非法贸易，这是全球化的后果之一。这些非法贸易包括唱片和电影盗版，还包括拐骗妇女儿童、贩卖人体器官、武器走私、黑色收入、腐败和避税天堂，非法劳工、毒品贸易以及对知识产权的侵犯。20世纪八九十年代的新自由主义改革理念就是为了创造开放式经济，尽可能地减少贸易和运输壁垒。为此，我们不得不最大限度地降低国家监管力度。

因此，黑市及非法贸易跟着红火起来不足为奇。例如，据国际货币基金组织估计，银行、避税港和金融市场内约有7 000亿至1.75万亿欧元可疑游资（Le Monde, 23 May 2006）。任何认为2008年金融危机事出突然的人事先一定没有对此加以留意。部分地下游资还专门用于恐怖主义活动（Napoleoni 2004）。

能否制止此类大规模钻法律空子的行为（也包括唱片和电影盗版行为）是一大难题。莫伊塞斯·纳伊姆坦言目前没有解决办法。首先，我们必须建立起追踪系统和法律制裁机制。纳伊姆提出了两个指导性原则：其一是必须大幅度降低非法贸易收益，"减少某种经济活动的收益，其热度也就相应地降低"；另一个就是减少其社会危害。（2005：252）

接下来就是确定解决问题的主次标准。非法拐卖妇女儿童和贩卖人体器官腐蚀社会文明，必须给予打击。如果政府不能控制暴力活动和资金流动，那么从某种意义上讲，社会也就不复存在。谈到毒品时，莫伊塞斯·纳伊姆毫不含混地指出，反毒之战业已失败。他还明确说明了毒品问题为何比滥用其他刺激药物严重。政府应该"向经济现实低头，转而亲自从事毒品贸易。这是一个大胆的举动，不推荐那些意欲攀附强权的国家使用。但是，倘若真的无路可退，那又何乐而不为？"（o.c.：84）他还对能否打赢反盗版的个人之战或行业之战持悲观态度。并不是因为知识产权所有者缺乏打击盗版的动力，而是因为相比之下，艺术品的制假贩假者受到的利益驱动高出数倍。显然，面对反盗版之战，我们不得不认输，并抛弃知识产权这种手段。

因此，纳伊姆的结论是，打击非法拐卖妇女儿童和贩卖人体、武器走私及黑色收入比抓捕制售假药和盗版活动更重要。我们应该将制售假药合法化和艺术作品自由交换纳入讨论方案。这样可以大幅度降低制假贩假者的收入，从而减少社会危害。（o.c.：252）再补充一点——也许有些画蛇添足，就艺术作品和知识而言，知识产权对于增加艺术家收入和维护公共领域的作用弊大于利。

创意产业，版权复辟？

布莱尔执政时，知识产权与创新的联系在英国变得紧密起来，仿佛缺了一方，另一方就不能存在。我们可以将此视为意图复辟版权制度。因为，很多社会阶层早已不再关心版权，即使版权对他们来说确实曾经非常重要。数字化趋势不可阻挡：音乐和电影的市场交易量惊人。英国政府当时一定抱定了这种想法：看清楚，将国家、地区或城市文化变成实业能够在日后得到不菲的经济收益。要想获得这些收益，我们就必须严格执行知识产权制度。不论怎样，这将促使当地政府严格地执行涉及版权类的政策。

1998~2001 年间，英国文化、媒体与体育部特别工作组在提交的"路线图"中指出，文化政策的一大目标就是通过提高文化活动的"创意"潜力创造更多的经济收益。根据相关定义，"创意产业"作为统称，包括"那些发源于个人创造力、技能和天分并能够通过应用知识产权创造财富和就业机会的产业"（in Rossiter 2006：103，4）。这一新理念出现后，创意经济、创意城市和创意阶级等概念应运而生。

我们该为此拍手叫好吗？当然不必。进行创作并依靠知识产权获得收入，这种行为的根本动因是财富。因此，我们有必要进一步剖析定义的每个部分。

我们认为,"创意"这个词用得并不恰当。"创意"可以指所有人类行为,不能与其他概念区别开来。更糟糕的是,艺术创作的社会价值——我们此前有所提及——消失得无影无踪,定义里根本找不到。定义中的另一个关键词是产业。这意味着我们谈论的只是好莱坞、四大唱片公司及少数大型出版社。其他的创意活动(我们更愿意称之为文化活动),是由中型甚至小型企业制作发行的。所以,产业化这个目标不可能实现。

定义强调创意活动源自个人创造力、技能和天分。我们在上文中已经提到,个体的角度所体现的与其说是现实不如说是想象,集体过程推动了艺术创作和知识发展。我们的确知道定义中提及个人角度的原因。创意产业的倡导者们热切希望表明扩张版权和知识产权的必要性。毕竟,这些都是围绕着个人而产生的权利。我们已经点明,版权对大多数艺术家积累财富的作用出奇地小。定义有着另外的意义,即如果通过创意活动大规模地取得知识产权,人类就能够实现创意产业、创意城市、创意经济和创意阶级的想法。

露特·陶斯建议看一看文化、地区或城市部门的网站,"你就会明白世界猛然间发现了创新的经济能力"。目前,我们还不清楚创新能够造成什么影响以及政府政策如何能够推动创新发展。广泛采用的方法之一是强化版权法规并坚信其能够促使创作者推出新的艺术、音乐和文学作品。但是,版权法规能够给艺术家和其他创作者带来的好处似乎有限。另一方面,露特·陶斯着重指出，版权制度对文化巨头极端慷慨（2006：1）。

充分的理由

依靠版权来维持现有体制存在诸多缺陷。过去几十年里大浪淘沙，最终可以归结为几类。其中之一，就是严格推行知识产权可以创造财富的谬论，创意产业就是用它来说服我们的。盗版侵权问题——尤其是大规模盗版侵权——则是近年来出现的另一个证据。强制推行版权并处罚违规行为是《与贸易有关的知识产权协定》带来的新现象。从理论上讲，版权和著作权——二者充分揭示了现有体系的成因——一直十分强调投资的安全性，这很自然。近几十年来，版权制度的投资保护倾向不断增强——我们所指的是大规模投资，给予更长的保护期限和更宽的保护范围。换来的，却是公共领域遭受进一步的私有化和腐蚀。

在艺术领域的诸多分支里（再多说一句，在我们看来，还包括娱乐和工业设计），版权从未实现为艺术家提供可观收入的期望。这不仅仅是版权本身的问题，还与市场环境有关。近些年，天皇巨星与普通艺术工作者的收入差距问题变得比以往更加突出。

我们尚能对这些不足之处进行某种修正以便让事情回归正轨，但也不敢打保票。这些缺陷中，有很多是经济全球化的产物，伴随着新自由主义的实践产生。如果不解决经济能力不平衡的问题，仅对某一方面采取行动意义不大。

这向我们揭示了版权制度更加本质化的缺陷：所有权以及由此产生的内容审查机制和精神权利。自然，对于所有权，大家的评判依据可能不尽相同。大部分人对艺术作品由私人所有——这些人对作品的使用拥有独占性排他权利——非常不满。但是，也有人认为，为了艺术家和作品发行方的"福祉"，让他们能够依靠自己的创作和表演获利，必须在一小段时间内——必须非常简短——容忍这种相对意义上的"害处"。

但是，我们对于人类艺术作品应该被独占或私有的想法不满。我们认为，依靠这种法律手段来保证艺术家的收入和投资完全没有必要。在第三、四章中，我们将提出建议，力图重建文化市场经济结构。我们对限定版权保护期限的提议也不感兴趣。一旦作品面世或者上演，我们就该拥有修改权。换句话说，我们理应有权进行二度创作，无须非要等到版权失效。我们应该立即就此问题展开民主讨论——讨论内容也包括艺术作品的发展前沿，这一问题永远具有讨论意义。在我们的设想中，精神权利没有必要存在，比方说可以代之以错误和不道德的行为，以解决艺术家不满作品出现在自己厌恶的环境等情况。

本书刚写到这儿就业已步入高潮，的确出人意料。对我们来说，放弃版权的理由很多。我们也能想象得到，很多人不愿意舍弃它，但却能够批判地对待它。版权制度就没有补救吗？有此一问可以理解，我们将在下章中进行论述。

第二章　差强人意甚至更差的替代方案

大而不实

既然版权体系如此大而不实，其可信性和合法性遭受非议也就不足为奇了。因此，我们需要寻找其他方案，这就是本章的主题。我们已经分析了版权体系的若干修改方案。学者和一些民权人士倡导的方案是回归老体制。他们认为，从本质上说，版权是本不错的经，只可惜完全被念歪了。他们的口号是，"让我们还其本来面目"。第二个方案则是非西方社会的心声，它们希望"西方毛贼"不再染指其传统文化和民俗，其目的是给知识产权的个人属性烙上集体的印记。

第三种方案的核心内容，则是能够代替或简化版权体制的各类税项。如何更有效地收取税额以及更公平地分配收益？针对版权组织运作方式的非议越来越多，人们指责版权组织体制僵化，日常开支过大。

还有一种替代现行版权制度的方案则采用两种完全不同甚至相反的手段。两种手段的相同之处在于，它们都旨在以契约法为基础建立管理体制。这样,现行版权制度的重要性就随之降低,甚至可以完全废止。人们向艺术作品的潜在用户要约,详述作品的使用条款。设立数字版权管理制度可以督促人们恪守契约,至少初衷是这样。

那么,两种手段有什么区别呢?知识共享[1]理念清楚地说明了第一种手段。倡导者希望人们能够最大限度地接触艺术作品。为此,需要为作品设立一系列的许可证,在某种程度上说,版权依然维持着作品的私人所有权。不论从哪个角度审视,许可证就是契约。第二种手段则是大型文化企业提出的。它们在严格的合同授权体制下给大众施加了大量限制性条款。

很明显,部分由于数字化的影响,出现了有关版权的多种观点。大型文化企业最希望的莫过于能够监督、管理和控制艺术作品,不放过任何细枝末节。其他各方——诸如对版权持批判态度的学者以及知识共享的倡导者——的想法则恰恰相反。他们希望削弱版权制度,让公共利益重新占据重要地位。

上述就是目前已经形成并付诸实践的各种替代方案。此外,还有数以百万计的人依然故我,随心所欲地下载上传,仿佛版权制度压根儿就不存在。这引起了业界极大的不满。不过,除了罚款外,业界也极力培养人们的版权意识。这有用吗?不尽然。目前看来,

---

[1] 知识共享(Creative Commons)是一个非营利组织,也是该组织所提供的一系列弹性著作权授权方式的名称。知识共享组织的主要宗旨是使得著作物能更广为流通与改作,作为其他人据以创作及共享的基础,并以所提供的授权方式确保上述理念。知识共享提供多种可供选择的授权形式及条款组合,创作者可与大众分享其创作,授予其他人一定条件下再散布的权利,却又可能保留其他某些权利。——译者注

仅靠教育和宣传不能解决这个问题（Litman 2001：112，5）。

回归老体制

版权制度的批评者往往认为版权制度的保护范围过广，保护期过长，版权所有者获益过多。还有人抱怨说，公民的合理使用权已经受到侵害。在理论上，批评者们应该认同我们在上一章所提出的部分或大部分观点。

但是，批评者们并未放弃一种想法，即版权体制可以在数字化时代再次回归正常状态。复制和发行成本可能微乎其微，但是创作和制造的过程却不能省略。作品需要编辑或导演的润色，也需对外进行广告宣传。这都需要成本，必须以某种方式回收。一旦放弃版权，作品就会遭到无良出版社或制造商剽窃，而原作者或原制造商却毫无办法，这难道不应该引起我们的担忧吗？难道版权制度不能为合法投资提供保护和稳定的环境吗？（Vaidyanathan 2002：92）

在这些批评者看来，版权体制怎样才能回到正轨？他们提出了各种建议。首先，从根本上压缩保护期限。例如，有人建议保护期限缩短至 20 年（Boyle 1996：172），也有人提倡缩短至 5 年但最长可以延至 75 年（Brown 2003：238），还有人建议将保护期设为 14 年但可延长一次（The Economist，30 June 2005）。这些数字都经过缜密地推敲，当然也估算了作者应通过作品得到合理收入的期限。这也同样适用于制造商回收成本。这些估计值似乎差异很大。

还有人呼吁恢复"合理使用"原则应有的地位。合理使用是美国版权术语。在欧洲，其内容包含在法定的免责限制条款中，该条款体现了知识和创造作为社会有机组成部分的意义。此处所指的是在全社会的努力下多年积累形成的知识和创造。例如，在合理使用的原则下，作品的部分甚至整个内容可以用于教育和科研。"合理使用"原则的目的是让知识和创新可以进一步发展而不被完全私有化。这也是版权体制最初希望取得的平衡。创作者和制作者有权通过作品获利，但是社会大众也必须能够拥有充分的使用权。

近年来，大量作品遭"弃养"受到人们的关注。"弃养"所指何意？大量书籍、音乐、图片和电影作品因版权所有并未进入公共领域。同时，很多作品未能得到版权所有者的商业开发，部分版权所有者甚至不知道其作品受到了版权保护。版权保护期限过长，致使数以万计的作品退出公共领域，任何人不得以任何目的加以使用，否则将面临巨额罚款。大多数情况下，没人再对作品的商业开发产生半点兴趣，就更别提保持艺术作品的完整性了。此类作品就被称为"弃儿"。换言之，大量的文化遗产都被打入冷宫。

至少，这是个问题。我们能做些什么呢？2006年1月，美国版权署发布了一个报告，报告调查了问题的严重性，并提出了可能的解决办法。报告支持有限责任体制。也就是说，使用"弃儿"作品依然违反版权，但若进行了"适当寻找"，使用者便可免责，但须支付给版权所有者一定报酬。

您可能会问，什么是"适当寻找"？据我们所知，"适当寻找"分成先后若干步骤，带有几分冒险性。首先，我们必须确定作品是否依然受版权保护。这绝非易事，因为版权保护期限多种多样，大多数情况下保护期限长短根据作者去世时间而定。即使可能，通常也很难找到作者或者其他版权所有者。作品一旦从交易市场上消失，通常很难再找到相关信息。即使成功找到作者、出版商或发行商的信息，也不足以判定谁是版权所有者，因为作者可能将版权转让给了第三方。而且，时间久了，拥有版权的公司可能已经销声匿迹。如果这家公司破产或者被兼并，那么进行"适当寻找"就变得更加复杂。这对版权制度造成了什么影响？(Gowers 2006：69-71)

2006年1月，不满版权制度现状的瑞典民众成立了一个新党——"盗版党"。虽然在选举中没有赢得任何议会席位，"盗版党"却拿下了数万张选票。与党名的字面意思正相反，"盗版党"不支持废除专利权或版权，而是呼吁"恢复版权制度的本来面目"。出于非赢利目的的分享、传播或使用应属合法，因为这种合理使用有益于全社会。(IHT, 5 June 2006)

2006年6月的大选前夕，"盗版党"声名鹊起，并有大量党员加入。当时，瑞典警方取缔了热门音乐交换网站"海盗湾"(Pirate Bay)，招致不小非议。瑞典电视新闻栏目《报道》(Rapport)的消息说，关闭"海盗湾"是瑞典官方屈从于美国直接压力的结果，因为瑞典检方此前已经认定，取缔"海盗湾"证据不足。此言一出，引起轩然大波。瑞典政府立即给予否认（o.c.）。2009年，瑞典法院对"海盗湾"的所有者进行了处罚。

批评者提出的一个重要观点是，国家不能再以自认为合适的方式随意管理版权。他们或多或少都必须执行《与贸易有关的知识产权协定》中所达成的基本规定（Deere 2009）。彼得·德劳霍什如此解剖这个问题："当今的发达国家在知识产权方面享有很大的规则制定权。"世界贸易组织体制已经剥夺了"民族国家对知识产权规则的制定权"。（2005：27）

各国发展程度不一，规则的制定权因而非常重要。国家都应得到机会获取发展亟须的知识。很久以前，情况的确如此。但是现在，富国越来越不认可这种做法，并要求发展中国家遵守一些限制条件。在这些限制条件下，对于发展中国家来说，发展即使可能，也将异常艰难。举个例子，在19世纪，知识人人皆可利用，西方国家正是借此在经济和技术上脱胎换骨。现而今，穷国不得不在无法免费得到知识的情况下谋求发展。知识已经被封存起来，穷国因为付不起费用而无法得到它，却总以为能让他们先用后买。

这就是为何彼得·德劳霍什提议以人权为出发点就知识获取问题设立全球性协议："因为人权观念如同版权制度一样全球皆知。在国际社会的共同价值观中，人权观念差异最小，适用于指导知识获取和所有权问题。根据人权法，各国政府有义务对作品所有权进行监管，以促进公民的基本权利和价值观，这是草案应有的原则。"（o.c.：16）通俗点讲，"知识获取的相关条约让发展中国家有机会确立一种管理体制,适应其在知识获取方面的需求。现有的体制却正相反,在知识获取方面不适应甚至有损于发展中国家的需求。"(o. c.：23)彼得·德劳霍什在建议中主要谈论了知识的获取途径,但其知识获取条约的设想也与文化诉求有关。

当然,我们认为,从人权角度审视版权的尝试意义重大,且非常有必要,因为针对版权的批判观点实在太少。但是,为了让公众从批判的角度看待版权体制的不合理现状,不隐瞒版权体制的潜力显得尤为重要。毕竟,这与艺术家和公共领域有关。

但是,我们担心这些批判性观点不能凸显出主要问题以及我们在21世纪初所面临的形势。各种方案虽然对所有权保护期限都作出了限制,但却并未废止艺术作品的所有权。在上一章我们强调,这种结果对于社会交流和批判性讨论是不可接受的。在下一章,我们将从经济利益的角度来阐明这种排他性垄断权利毫无必要。

此外,我们应该降低或大幅度降低版权的推行力度。人们难以讲清楚如何能够保护版权,又不滥施刑罚。而且,警力调配等事项不是应该优先用于真正危害社会的问题上吗?数字化已经在很多方面彻底改变了市场环境,难以想象诸如版权等保护性权力还有容身之地。为艺术家提供适当的收入根本不是版权的最大好处。因此,版权制度也就没理由长久存在。

但是,很多学者强调,版权在众多人权宣言和条约当中依然是一个基本要素,它不是可以随意丢掉的临时工具,而是一种崇高的道德观。这的确发人深省。唯一的问题是，这些文件真的提到了版权概念吗？答案显而易见：没有。1948年颁布的《世界人权宣言》第27条第2款提供了版权是否属于人类基本权利的证据："由自己所创作的科学、文学或美术作品而产生的精神和物质的利益，人人有权得到保护。"条文中只字未提版权，也没理由去那样解读。例如，在尊重原作的基础上进行修改就可以完全满足作者的精神权利。将此条文解读为禁止性条款的确需要点想象力。

在第一章中，我们发现版权制度在西方业已存在了150多年，对于大多数艺术家的物质利益毫无益处或者益处不大。因此，我们有充分的理由怀疑版权对穷国是否有益。

认为《世界人权宣言》第27条第2款赋予了版权制度额外的合法性确实牵强附会。而且，难以看出这一条款明确言及版权。人权宣言和条约都是用来列举基本原则，而不是用来对这些原则进行演绎的。

最后，还有一些学者希望将版权专门用于保障艺术家的经济利益。他们提议禁止艺术家向第三方转让作品所有权。他们表示，艺术家应该保住这些权利，保住这些权利也就保住了相关收入。这样一来，艺术家对大型文化企业的依赖也就相应减少。问题是，能否对版权制度作出这样的限制？唯一可能的答案是不能，版权体制不能用于这个目的。毕竟，版权是一种知识产权。产权，从本质上讲，是可以转让的。要求禁止所有权转让，等于要求废除知识产权制度。这将把我们引向另一个法律范畴，但肯定不是版权。这与大多数版权体制批评人士的愿望相左。这些人希望改善版权制度,进一步发挥其积极因素。

集体所有制

实际上,大量艺术作品属于集体创作,而迎合个人需求的版权体制难以正确处理这种情况。难道现在不应该提出一种合适的解决办法,让版权体制能够应对这种情况吗?例如,一些当代艺术家联手组织活动。第二个例子更加普遍:在现代非西方社会里,艺术家对于创作和新发现归个人所有的概念闻所未闻。再如,传统观念在很多文化中依然发挥着主导作用。这些传统观念为创新和知识的发展提供了重要的指引。

这些艺术家和文化的共同点是,个人占有艺术作品的现象十分罕见或者根本不存在。就我们所知,版权不适应那些文化环境。我们不应该设计一个替代方案吗?

越来越多的当代艺术家参与到集体创作当中,特别是步入数字化时代后,这本没什么好说的。一般来说,局外人难以分清每个创作者对某件作品的贡献。但是在艺术圈里,谁对创作拥有决定性影响根本不是秘密。主创者的声誉因而得到提高。这样的艺术圈子不断扩大,根本不关心版权,也不会努力去获取集体版权。他们进行创作,或是因为受雇或是为了卖钱。作品一旦出手,他们就着手创作下一件作品。他们的收入来自于其创作的具体作品。我们将在第四章深入探讨文化领域正在形成的新商业模式。

假如有人冒称集体作品的所有者并对作品实施版权保护，这类艺术家创作者不会非常在意。在设法阻止他人占有自己作品的同时，他们也允许自己的作品用于非商业用途。只要版权体系依旧存在，知识共享能够成为一种解决办法。因为，知识共享的基本原则是承认作品的版权（实际上，这种权利从创作完成后就形成了），但允许他人在一定条件下自由使用。实际上，这是通过知识共享形成的许可证制度实现的。

即使作者对版权所有制不太感兴趣，版权制度的存在意味着，知识共享是殊途同归的解决办法，至多是换一种形式。既然个人所有制的确存在，版权制度就无法取消。最好的办法就是遵守游戏大规则，然后制定个人小规则。

但是，在贫穷或是赤贫的非西方现代社会，版权则面对着完全不同的挑战。请您牢记，在我们的分析语境中，个人占有艺术作品的现象在多数文化中鲜有发生或者并非主流。出人意料的是，艺术家面前出现了两个情况。一方面，托社会现代化及技术发展的福，艺术家能够服务于更大的市场。制作人、唱片公司和其他中间商在提供服务的同时，也偶尔影响作品的内容，由此牵涉到版权制度。

另一方面，这些国家又毫无选择。加入世界贸易组织，意味着必须将《与贸易有关的知识产权协定》条文规定纳入本国法律（Deere 2009）。版权制度从无到有需要进行大量的变革。曾经属于社会、可任人使用的艺术作品——也许在一定程度上受到社会风俗的监督和限制，突然被某位艺术家宣布据为己有，"他人"

不再有权使用或修改。接着，我们就会发现，集体创作且人人可用的观念和做法走向了消亡。

就专利权而言，知识落入个人之手有损于大众利益，让人们明白这一点比较容易；但是，艺术作品的个人所有制正从根本上改变着当地文化，这点难以让人明白。版权制度的外在逻辑正如山洪一般向男人、妇女和青少年倾泻，令人在应对时难以保持头脑清晰。人们不禁要问，这些国家为何要引入一个不适应21世纪的制度？有什么道理吗？

我们必须谨记，在20世纪90年代初期，发展中国家反对设立与贸易有关的知识产权协定。它们争辩说，将知识产权纳入世界贸易组织框架不合常理。毕竟，世界贸易组织框架是一个自由贸易体制，而知识产权则要在知识和创新方面确立垄断原则，两者明显相互矛盾。这些国家还反对《与贸易有关的知识产权协定》的一刀切模式及其对作品的高度强制性保护。该条约强化了富国企业对知识和创新所有权的垄断。南北国家的技术差距将进一步拉大。《与贸易有关的知识产权协定》将使得资本从发展中国家向发达国家转移变得更加容易。(Deere 2009：1)

彼得·德劳霍什强调，为了保护版权输出国的利益而扩大版权体制带有殖民主义色彩。随着版权制度的不断修改，保护标准逐步提高。按照彼得的话说，他们刚刚摆脱殖民地地位，却发现面前横着一个由"旧世界"俱乐部主宰、迎合其经济利益的制度，"而这个俱乐部正是由昔日（或者业已式微）的殖民国家组成"(2005：9)。《与贸易有关的知识产权协定》加速了版权体制的扩大。

如果传统、乡土知识和民俗依然活跃在社会文化当中，那么在这种社会中就能找到版权与集体性条约发生冲突的第三种情形。在这样的社会里，知识和性灵没有区别，灵魂、自然和尘世同属于一个范畴。此类文化通常存在于社会最贫瘠的地区。西方企业正在凭借知识产权窃取在当地人眼中神圣不可侵犯、关乎身份认同的传统文化习俗。实际上，社会成员一方面依靠宗族纽带紧密相连，另一方面又因针对土地、资源、知识、社会控制地位和文化发言权的内部权力纷争而四分五裂。大多数情况下，这种内部纷争是由早期殖民主义、政治压迫和现代化进程挑起的。

不论如何看待，在过去的几十年来里，人们越来越明显地看到这些文化的处境及其遭受的非法利用和赤裸裸的剽窃。1992年颁布的《生物多样性公约》(Convention on Biological Diversity)是一个重要里程碑。该条约认可了有关保护生物、生态系统和自然环境等重要的传统知识。为了保护这些传统价值观，有人提议建立某种特别的知识产权制度，进一步迎合保护知识和创新的集体所有权的需要。如果个人和企业是知识产权的保护对象，那么为何不改变这个体制，以适应无法确定具体所有者的情况呢？

在过去，这绝非易事，现在依然如此。在20世纪90年代中期，世界知识产权组织将其提上了议事日程。世界知识产权组织设立了"知识产权、遗传资源、传统知识和民间文学艺术政府间委员会 (Intergovernmental Committee for Intellectual Property and Genetic Resources, Traditional Knowledge and Folklore)"。经过旷日持久地谈判，该委员会在 2005 年拿出了一份草案，详述了有关保护传统民俗文化的政治目标与核心原则，却由于美国和加拿大的反对而最终胎死腹中。

但是，这一计划搁浅的原因并非仅仅由于政治上的反对声。就知识产权保护协议的内容达成共识本身就非常复杂。老实说，将条约的目的从监管个人所有权变为保护集体权益几乎是不可能的。版权制度要求作品的创作者清晰可辨。它要求固定保护形式并限定保护期限。盘根错节的文化令人难以辨别这些要素。

而且，由于传统与文化跟西方完全不同，这些社会中的成员排斥上述方案。他们认为，某些文化内容就应该保持神秘感和完整性，休说买卖。此外，一旦谈起集体所有权，人们不禁会问，谁该成为社会的代言人、谁会保护社会的利益、谁来决定集体所有权的正确使用方式和适当使用范围？这会引发争执。

从理论上讲，限制版权保护期限让集体知识产权难以成立。这些社会宣称，知识、传统和风俗已经存在了数百年。倘若如此，那么这些价值观和物质遗产在很久以前就进入了公共领域。它们在要求建立集体知识产权制度的时候肯定没有正视这个严重问题。知识、传统和习俗永远属于大众。社会思想和社会行为都是为了管好与大自然息息相关的知识、艺术作品和文化。习惯法决定知识和艺术创新的使用条件以及哪些条款限制了知识和艺术创新的使用。

此外，所有权的可让渡性是知识产权的基本原则之一。在传统知识和民俗占据重要地位的社会里，将宝贵的传统习惯推向市场的想法会令人惊慌失措，为大众所不容。归根结底，国际知识产权组织将知识产权体系转变为集体所有制的努力注定不会成功。

有人提出给予这些社会传统知识和文化遗产"人类共同遗产"或者"世界公共产品"的地位。我们并不否认，这些社会中存在部分共享知识，但是这些公共行为的基础是互惠互利。只要现行的版权制度存在，这些本土族群就不会完全愿意将文化遗产和传统知识奉献给全人类。在过去，外人使用并占有传统知识并未给他们带来回报。

在上一章中，我们建议采用错误和不道德的行为及其相应的法律责任代替精神权利。我们建议将此作为一种手段，防止他人完全违背作者或表演者所珍视的价值观——这种价值观是个人原则的必要组成部分——来利用艺术作品。在传统知识和民俗占据重要地位的社会里，"错误和不道德的行为"这一手段也能够发挥作用。同时，针对当地民众不认可将个人价值据为己有这种行为的情况，它还可以在国内外提供判定依据。当然，这里有一个先决条件，即必须提供人力物力财力让社会大众可以切实获得向法庭申诉的权利。

联合收费和集中征收

针对版权制度还存在一种完全不同的批判观点，其核心内容是版权收益的征收和分配方式。这个话题会引来人们不小的愤慨。艺术作品的使用者饱受各类权益征收组织的侵扰，而且在数字化领域，征收难度与日俱增。有些人还对收入分配状况不满。以作品的播放或观看次数作为判定标准——这种取样方法几乎不可避免，显然更加有利于曝光率高的艺术家们。因此，不禁要问，难道不能让收入分配变得更加简单公平吗？

据 2005 年在法国见报的一篇报道揭露，董事会成员和经理的高薪现象过于普遍也让版权企业不得人心（Le Monde，9 July 2005）。但是，许多欧洲版权组织也确实将部分版权收益投向文化基金会，这些基金会有时作为国民文化生活的共同资助人发挥着重要作用。它们之所以这样做，是希望版权制度在版权所有者的个人权利与特定社会的文化进步之间取得平衡。

这些基金会能否在世界贸易组织引领的新自由主义风暴中幸免于难尚不得而知，因为世贸组织框架禁止某国公民，也许还包括外国侨民，独掌公共（或半公共）基金会。这是基于国民待遇原则，该原则认为侨民应该拥有与本国公民同样的权利。因此，国民待遇不仅威胁着政府补贴行为，也威胁着版权组织旗下文化基金会的存在。如果这些制度对全世界敞开大门，国家将再也不能通过公共（或半公共）渠道对艺术作品的生产、推广和发行给予帮助和支持。

艺术品数字化和点对点交换服务的出现，成为摆在版权组织以及大型文化企业面前的一个难题。迄今为止，它们尚不能得到完全解决。最初，它们要求处罚数以亿计的艺术作品非法使用者，这一要求至今未变。那么，祝他们好运！目前已经证明，这比他们预想的困难，甚至巨额罚款也未能禁绝非法下载行为。2005年圣诞节前夕，一些法国议员猛然醒悟，提出了简化下载费用征收系统的想法。他们提议设立通用许可证机制，每人支付几个欧元就可以无限次地下载音乐和电影。确实，他们有理由认为此举可以有效减少非法下载行为。毕竟，谁不愿意掏这笔小钱呢？这会使无辜的人们不再锒铛入狱，让版权制度有机会挺过数字化狂潮。

2005年12月21日深夜，法国议会终于同意审议这个议案，但是大明星们却不善意看待这个勇敢的提议。在以法国威望迪集团（Vivendi）为首的大型文化企业的支持下，大部分法国版权组织——数量不少，类别齐全——强烈地反对这个提案。他们担心议案将置版权所有者于不利境地。他们坚决要求法国政府继续打击非法使用者——我们在第一章中分析过，此举给刑事调查机制造成了沉重的负担。实际上，大多数政要都站在版权组织一边：角逐2007年法国总统宝座的两名候选人都宣称将积极打击盗版。

时间闪回到2006年3月。法国议会在第二轮投票中否决了设立通用许可证的提案，代之以对非法下载处以每次38欧元的罚款，非法传播则再罚150欧元/次。两者相加数目不小。但是，这么大的改动丝毫未能取悦大型文化企业和版权机构。他们争辩说，罚金数额过低，不利于追查非法下载。他们已经认识到，罚款不再能阻止非法下载行为。

2006年7月，法国宪法委员会裁定对艺术作品交换行为进行适度惩罚违宪❶，这让更理性地看待下载行为的愿望再度受挫。这一裁定沉重地打击了法国文化与通讯部长雷纳德·德纳狄厄·德瓦布尔（Renaud Donnedieu de Fabre）。德瓦布尔当时正在暗自努力为影音文件的大规模交换寻找解决方案。宪法法院援引 1789 年《人权宣言》中的所有权条款解释说，所有权实际上是一种绝对权力，不论对音乐还是房产同样适用。法国宪法委员会的法官似乎依然活在 1789 年，您可能会怀疑他们的态度是否公正。毕竟，从历史的角度看，就艺术作品的客体、价值标准或表现形式而言，人与人之间的相互关系是社会斗争的结果（Nuss 2006：217, 223-7；Rose 1993：8）。令人不解的是，宪法法院不顾历史曲解所有权概念并没有在法国引起大规模抗议活动。

不论怎样，宪法委员会驳回了适度罚款的提议，将进行音乐交换的普通民众与职业造假者混为一谈（IHT, 29/30 July 2006）。我们认为，法国错失了开创先河的机会。人们不满现行版权体制和权益收取方式，这一点只有外星人才会否认。如此一来，法国——同理也适用于其他国家——再次回到原点：事实已经证明，打击非法使用者不仅是一项艰巨的任务，也让唱片公司失去消费者的喜爱。

如果抓人定罪困难多多，那么我们就得去找其他办法。接下来的问题是，能抓住违法者并给予他们严厉惩罚吗？能，这需要

---

❶ 2006 年 3 月，法国议会审议通过的新版权法草案减轻了对个人盗版行为的处罚力度。不过，法国宪法委员会在核准时采取了泛罪论的态度（即认为盗版行为都是违法行为），并取消了减轻处罚力度的相关条款。——译者注

依靠服务提供商。我们提议是设立一个机构,该机构可以代表政府裁定某人因未付费上传下载音乐或电影而违反了法律。换句话说,服务提供商的职责是暂时停止向这些人提供服务(即暂时断网)。至少,这是2009年提交给法国国会的议案主旨。

这个激进的议案令人难以接受,其中有很多原因。首先,使用者的隐私遭受严重侵害。其次,难以确定使用电脑进行犯罪的人就是电脑的注册所有人。此举仿佛是在寻找一个易于执行并为社会广泛接受的收费机制,但是实际效果却不甚理想。说得确切点,法国议会在2009年春已经拒绝推行这样的机制。但是,英国政府在2009年8月表示愿意一试。但是,欧洲议会可能同样会跳到英国面前说,上网是一项人权。只有法官才能决定是否给予某人断网离线的惩罚。试想一下,如果法官必须处理数以万计的"非法"文件分享者,那么法院的工作将不胜其扰。

也可以通过一次性收费简化版权体制,即对音乐、电影、书籍和视觉作品征税(不同于前文提到的在法国未能通过的通用许可证制度)。这是一种希望解决问题的思路。关键是找到征税的合适时机,一步到位。这样做的好处是,不必再征收其他费用,一劳永逸地解决大唱片公司及版权组织与点对点交换者之间徒劳的纷争。(Fisher 2004:199-258)

但是,这种搞平衡的方式并不像设想得那样可以缓和矛盾。例如,一些国家采取对空白卡带征收附加税的方式推行一次性收费办法。但是,我们依然需要解答很多问题。征税设备有哪些?谁来担任征税人?没有下载需求的人为何要交税?征收的数额、受益人数量和受益金额分别是多少？如何以被消费量判定谁能从中得到多少收入？是艺术家本人，还是制作人，抑或拥有版权的企业？税款分配机构是哪家？其可靠程度如何？

面对如此多的疑问以及评判标准的权力争斗，一次性征税的巨轮仿佛尚未起航就已经沉没。另一个集中征收方案是向以赢利为目的（这实际上就是他们的全部目的）使用艺术作品的企业按照年销售额比例收取小额税款。收上来的钱将投入基金会，用以资助艺术家创作新作品（Smiers 2003：214，5）。当然，即使这种简单的方式也有不足。个人为何不应该为娱乐消费付费呢？更加难以接受的，则是艺术家表演与其收入之间的关系消失殆尽。

总而言之，集中征收的办法掩盖了一些问题。人们很难就征收的税种、额度和征收机构取得一致。至少可以说，具体艺术表现和收入之间的关系不明晰。我们只能断定，我们依然需要寻找合适的版税征收和利益分配办法。也许，我们永远也找不到。

垄断独占 VS 知识共享

我们已经说过，还有一种办法可以威胁到版权制度的生存，即用契约形式规范版权所有者和使用者之间的关系。知识共享原则就属于这个方法。在承认作品版权所有者的前提下颁发许可证，明确规定他人自由使用作品的范围。

另外，这种机制还可以附加大量限制性使用条款。文化行业倾向于使用这种方式。为了契约的有效执行——至少我们希望如此，我们需要依靠"数字版权管理技术"❶限制内容的使用。这也是数字版权管理技术被称为数字版权保护技术的原因。(IHT, 15 January 2007) 实际上，文化行业正在逐渐摒弃版权，希望在艺术家及制作方的合法收入与知识和艺术创新发展的社会利益之间取得平衡。但是采取契约形式却不允许鱼和熊掌兼得：要么就都拿走，要么就全留下。

毫无疑问，数字版权管理机制取得了预想的成功。但是，经过测试的系统很快出现了问题，导致 DVD 影碟机不能正常播放。它丝毫没有改善大型文化企业的形象，文化企业被当作娱乐行业看门狗而遭人厌恶。同时，我们可能像泰勒·考恩（Tyler Cowen）一样自问，"打击文件共享的整个战役是否只是虚张声势。新技术通过软件搜索卫星电台并找到想要听的歌曲。收听者可以依靠这种软件合法地复制歌曲。只要使用这个软件，人们在几个月内就都可以得到想听的任何一首流行歌曲。"（2006：105）

限制音乐、电影、书籍和影像产品的发行还面临着另一个难题。制作人或版权人和发行商形成了一个不容他人参与的垄断集团。换句话说，这并不是一个开放性体系。苹果公司的 iPod 媒体播放器就是一个经典案例。iPod 播放器只能使用苹果公司的 iTunes 软件听歌，这明显不符合竞争法。很多国家都试图处理这个问题，但目前尚未发现哪个国家获得成功。

---

❶ 数字版权管理（Digital Rights Management，DRM）为内容提供者保护数据免受非法复制和使用提供了一种手段。这项技术通过对数字内容进行加密和附加使用规则来保护数字内容。——译者注

现在，文化行业在数字化领域征收知识产权使用费变得越来越难——也许目前为止只有苹果公司例外，MySpace、YouTube及其他同类网站的页面广告越来越多。可以想象，就广告收入分成问题，唱片公司和MySpace、YouTube之类的网站之间从未停止过争吵。

下面的问题就是，用户能够容忍多少广告？有没有一个临界值？市场上存在多少广告，又有多少广告商，支撑着成百上千的网站并让它们赢利？目前，尚难以判断2008年席卷全球的经济危机对企业广告需求和广告预算的影响。

如果经济确实陷入衰退，那么网络广告市场会有多大？也许一开始很多，那么日后呢？这可能会对以付费广告为生的网站造成深远的影响。会有大量网站关门吗？企业很可能会把逐渐缩水的广告预算从报纸、电台和电视台等旧媒体中抽出，转而投向网站，希望吸引网络用户购买它们的产品和服务。现在已经可以明显看出，随着广告收入成为财源，版权正在失去用武之地。

知识共享的设计理念与文化行业的期望完全不同。它的目标是什么？知识共享的基本理念是，B可以在不受版权限制的情况下使用A的作品，同时，B不能将A的作品据为私产。为什么不能呢？知识共享需要A交出作品的公共使用权：作品只要不被据为私产，即可随意使用。作品只是"空壳"版权的主体。这种空壳版权是作者在知识共享原则下所能采取的最极端的授权形式。但是，一般说来，作者会选择"保留一些权利"。严格地讲，这种形式是以契约法为基础的。

知识共享等理念的魅力在于，人们可以在某种程度上找到摆脱版权制度的方法。知识共享原则无疑是博物馆和档案馆的福音。这些机构希望大众分享其馆藏的大量文化遗产，但又愿意不惜代价地阻止他人秘密地侵占这些遗产并获得版权。只要版权体制存在，知识共享不失为一种实用的解决办法，具有示范作用。但是，这种方法也有一些问题。

首先，对于如何赚取合理的收入，知识共享原则并未给全世界大量的艺术家、制作商和发行商提供任何建议。这也是我们对约凯·本克勒（Yochai Benkler）《网络财富：社会生产如何改变市场和自由》一书的反驳。约凯在书中抛弃了市场理念，代之以网络、非市场生产、大规模协作项目及信息、知识和文化的同类产品（2006：1-5）。格特·洛温克（Geert Lovink）表示，约凯应把书名从《网络财富》改成《网络贫穷》。因为，至少到现在，在人人都能联入的互联网世界里并没有多少财富（以硬通货衡量）（2008：240）。在 2008 年出版的论文集中，劳伦斯·莱希格对艺术家收入情况的担忧情有可原。实际上，我们不得不承认，不论是劳伦斯还是约凯或"知识共享组织"都未能设计出艺术家赚钱的经济模式。这个问题亟须得到解答。必须提到的是，克里斯·安德森（Chris Anderson）在 2009 年出版《免费：偏激价格的未来》一书中并未过多地纠缠于究竟有多少艺术家能够赚到体面的收入。

其次，它们并未从根本上挑战版权体制。不论从哪个角度看，知识共享许可证都将作品的所有权和控制权给予作者。既然这个方法创造的不是公共产品而是所有权，那么称之为知识共享就有失偏颇。不客气地讲，这个词被人擅用了。

再次，也是相对重要的反对理由是，知识共享属于一相情愿。手握大量古今文化遗产所有权的大型文化企业不会买账。这弱化并降低了知识共享这一受人欢迎的想法。

最后，我们必须指出，知识共享并不能完全回应上一章提及的对所有权的反对意见。对于知识共享原则及该原则的主要支持者而言，艺术作品的个人所有制是不容动摇的金科玉律。

从本章的讨论中，我们能够得出怎样的结论？尝试改变版权体制以适应 21 世纪的需要，已经证明不足以解决我们在第一章提出的根本性、实际性问题。这也许有点遗憾，但我们并不这么看。目前依然存在更好的办法，在艺术家和中间商获得合理收入的同时，避免公共领域遭个人侵占。那就是市场机制，前提是市场决不被任何力量主宰。这意味着摒弃版权并消灭垄断市场的文化企业。

第三章　公平竞争的文化市场

从法律视角到经济视角

现在，我们将讨论的重心从法律领域转向经济领域。暂且抛开版权制度，探寻一下市场究竟能否脱离版权保护而存在。

脑海中首先浮现的问题是，我们希望在这样的文化市场中实现什么目标。鉴于上一章的讨论内容，最显而易见的答案是：

相比现在，应该有更多的艺术家能够从创作中获得合理收入；

制作、发行和推广资源应该属于多数人，即扩大处置权的分配范围；

应该存在范围宽广、供人自由利用的公共领域；

不应让少部分天皇巨星充斥市场，而应让大众广泛自由地接触艺术作品，从而作出自己的选择。

这些目标如何实现？或许有些意外，我们首先想到的是文化企业家。文化企业家可以是艺术家本人，也可以是艺术家的代理人、制作方、发行方或其授权机构。敢于冒险是企业家的主要特征。在我们的讨论中，这意味着敢于在机遇与挑战并存的广阔文化领域里采取行动。对于创业意识、冒险精神和企业家风范，人们已经进行了大量的探讨：他们应该敢想敢做，换句话说，企业家应该具备在竞争中抢占先机的能力，危机感强，眼光敏锐，能够洞察周遭及大环境下的市场动态。2008年爆发的经济危机清楚地表明，很多自称是企业家的人并不具备高瞻远瞩、放眼寰宇的主动意识。

但是，让大家都能去冒险的前提条件在创业精神中鲜有提及。市场如何构建？权力如何平衡？对于创业精神，哪类规章应该发挥限制作用，哪类又该发挥推动作用？这些都是本章所要讨论的内容。

因此，我们交给自己一个艰巨的任务。我们希望构建出一种市场模式，满足这些特定条件。具体提示一下：所有权应该高度分散而非高度集中；大多数艺术家能够获得平等的机会；受众可以不受限制地进行广泛选择；保留广阔的公共空间，不被他人占为己有。在我们看来，谁也不能左右市场以谋取私利，这是实现上述目标的基础。

当前的文化市场中存在两种不受欢迎的垄断模式。第一种就是版权，我们已经就此进行了广泛讨论。版权让所有者控制作品的使用权，由此带来了方方面面的影响。相比之下，对于第二种市场控制方式——一小撮跨国文化集团牢牢掌握着电影、音乐、图书、工业设计、视觉艺术、话剧和音乐剧的制作、发行、推广和销售，我们讨论得不多。就这种控制方式而言，不同门类之间可能稍有差别；另外，它以多种方式向纵向和横向延伸拓展，整合范围广至数字化领域。

别想当然地认为，文化市场只是由巨型企业占据，还是有大量中型企业存在。但是，即便是中型文化企业也难保收支平衡。您在本章会发现，依照我们的模式，中等规模的文化企业的境遇会稍有改善。它们不必与巨无霸企业竞争。面对大型企业熊熊的营销战火，一切都黯然失色。

这两种市场垄断模式关系密切。例如，如果受版权保护的作品卖不出去，那么拥有大量版权也就毫无意义。拥有大规模的生产设备当然好，但如果别人看中了您的作品且在不付费的情况下自由使用——您还得不到版权保护，那么明天您可能就会毫不犹豫地关停生产设备。

能否消除这两种市场垄断模式，建立起更加规范的市场（或者套用经济学字眼将其称为公平竞争的市场），找出这个问题的答案是个激动人心的挑战。什么是更加规范的市场？我们指的是，对于市场或他人的市场行为，任何一方无法单独进行实质控制或给予任何实质性影响。我们认为，这一点对于文化企业家（艺术家或其代理人、制作人、出版商等）能够真正进入交易市场至关重要。

那么说，他们现在不能？可以说能，也可以说不能，尚无明确的答案。说能，是因为确有千千万万的艺术家在进行作品创作和销售。说不能，是因为这些艺术家经常被无孔不入的大型文化企业挤出公众的视野。他们没办法进入交易市场。至少可以说，他们很难有机会真正去承担创业风险。实际上，我们可以这样描述当前的文化市场：对于绝大多数文化企业家而言，通往市场、受众和赚钱机遇的大门只露出一道缝隙，而对于少数不断合并的文化行业巨头，这道门却是敞开的。

　　文化行业巨头拥有大量作品的版权。它们在市场销售这些作品，从而获得了更大的市场控制权。因为作品的使用与否、使用方式和使用条件只有它们说了算。基本上，文化行业巨头决定着哪些文化产品可以面市，从而决定哪些方面的内容将得到获得认可与青睐，以及文化产品的欣赏环境、消费环境或者说是使用环境。它们不允许修改或破坏作品，甚至在内容上也容不得半点异议。

　　对于文化企业家——即便他们是中型企业的负责人，交易市场的大门也只是微微开启。迈进这道门——如果真能做到的话，他们会发现，在这个市场里，少数行业巨头不时在明星战术的配合下，左右着市场氛围和产品的受欢迎程度。面对这种双重风险——换言之，少数行业巨头不仅占据着文化市场还决定着其竞争环境，中小型企业很难赢利存活。当然，这种可能性也不是一点没有。

竞争法（反垄断法）

　　为了建立更加规范的市场，我们认为只能采取两手抓的方式：在摒弃版权的同时，确保在制造、发行和销售环节上不存在任何形式的市场垄断力量。这样做有什么好处呢？

废除版权，意味着企业家不再有兴趣在娱乐片、畅销书和大明星上砸钱。毕竟，作品的专有权再也得不到任何保护。作品基本上可以任人改动或使用。我们探讨一下，事态是否真的会这样发展？为何还要进行此类巨额投资？当然，这也不是不允许。愿意投资的人可以继续这么干，但是版权提供的投资保护——这是一种特权——不复存在。

这意味着再也没人拍摄史诗巨片了吗？也许吧，谁知道呢？也许用动漫形式拍摄。怅然若失？也许是，也许不是。制作环境的改变以及其他潮流的崛起导致某类影片的消失，这在历史上也不是头一次。人们对此可能很快就适应。而且，没理由为充斥市场的大众产品提供投资保护，因为倾销行为实际上迫使市场即将丧失仅存的文化多样性。

我们提议采用的第二种手段是规范市场环境。也许，这比废除版权还要激进。近年来，废除版权的可能性倒是越来越大。正如我们所言，市场上都不应有任何一方操控价格、质量、销售范围、就业条件、市场准入及其他任何环节。任何一方都不能不顾公众利益随意行事。换言之，市场必须允许多方参与，社会有责任制定参与条件。

市场经济的大原则必须适用于人类与艺术交流的小环境。我们在前面的章节中讨论了艺术作品的影响力。我们收听、观看和阅读的内容在很多方面极大地推动了个性的形成。必须强调一点，文化领域应该存在大量企业，它们可以从完全不同的角度提供文化产品，而不是被过度强大的力量排除出公众视野。至少我们认为，这点没得商量。

环顾四周，您会很快发现，现有的经济模式未能满足我们提出的市场条件，即未能创造一个公平竞争的市场。在新自由主义思潮的压力下，企业规模得以不断膨胀，这当中也包括文化企业。我们非常明白，不论针对经济大环境还是针对以新旧记录方式拍摄的电影、音乐、书籍、设计、多媒体和视频等，我们都必须采取极端手段扭转这种局面。我们别无选择。我们将在本章末尾考虑将采取何种策略。

如果我们抛开对这种激进方法的顾虑，眼前将会呈现怎样的画面？那么，市场上不会再有大型企业垄断制作、发行、推广和销售。企业规模将大幅度缩小，缩至中小型规模。如何才能引起这种翻天覆地的变化？大多数国家都设有竞争法，竞争法本来就是为了创造一个公平竞争的市场，当然也指文化市场。

不得不说，竞争法或者反垄断政策目前所发挥的作用严重不足。这很有可能归咎于新自由主义。这种理念实际上要求尽量避免干涉市场，认为市场会自动选取最大化利益。我们尚存疑虑或许可以理解。自由市场真的对投资方有利吗？即使是对投资者而言，2008年也令人追悔莫及。

现在应该修订市场竞争法案，英语叫做反垄断法。目前，反垄断法只是偶尔用于判定企业的兼并行为是否将侵吞整个市场。有时也用来解决企业滥用市场地位的问题。近些年来，欧盟国家比较积极地在这些领域使用竞争法。不过，这终究是场必败之战。

我们应该对文化市场上任何可能存在的过度垄断企业进行更

加彻底的调查。也许,这项调查是文化政策的主要内容。讨论不应局限在何种市场地位不利于实现我们提出的目标,即大量文化企业家能够不受强大市场参与者的钳制进行经营,并且各类受众可以接触到大量的艺术作品而不受铺天盖地的市场推广活动影响。第三步就是决定必须采取哪些手段有效降低其垄断企业的规模和市场地位。可喜的是,竞争法(反垄断法)是成型机制,我们只需让其焕发生机。

说起来容易,做起来难。毕竟,我们的想法会致使经济滑坡,这点预料得到。对此,我们并不感到害怕,但是拆分大型文化企业及其所有权带有社会风险,必须小心处理。我们在前言中曾提到,一想到这么做,我们就有点紧张。

试想一下大量资金、生产资料、市场地位、生产和发行设备拆分后的情形。毕竟,我们在文化和媒体领域确实有此打算。为了避免出现比2008/2009年更严重的经济危机,我们必须这样做,出于谨慎也出于对未来的考虑。如果我们借口"大型文化企业影响过大,不能削弱他们"而不敢这么做,那就干脆保持市场原状。就我们而言,这种立场站不住脚。不论是从民主的角度还是从文化企业家公平获得市场准入机会的角度,这种立场都令人唾弃。实际上,摆在我们面前的是非常棘手的两难境地。有关版权的论著不愿意涉及文化市场形成的企业模式,我们对此深表理解。新自由主义已经深入人心,让人们忘记了如何有效思考组织市场的其他方式。而且,我们也没有参考手册可以提供解决办法。尽管如此,我们还是建议大家认真地想一想。

出人意料的是，对于胜者通吃的数字化网络世界，这样做甚至更加有必要。正如克里斯·安德森所说："如果传统市场存在三个竞争者，那么第一家公司拥有60％的份额，第二家拥有30％的份额，最后一家拥有5％的份额。但在网络效应主导的市场中，数字比例可能是95％、5％、0。网络效应将使优势更加集中，即'富者愈富'。"（2009：132，3）令人惊讶的是，在《免费：极端价格的未来》一书中，这种现象并未引起克里斯·安德森本人的警觉。他的分析压根没有提及文化企业不应控制市场的想法。

我们建议在应用竞争法（反垄断法）时引入多种不同的所有权规范条例。设立这些规章制度，是为了防止所有权企业垄断文化作品的制作、发行、推广和销售，为了肢解并将其拆分成小块。另一个制度工具就是禁止所谓的跨行业所有制（cross ownership）。这适用于同时涉足艺术、媒体及娱乐等领域、业务范围囊括从生产到销售各个阶段的企业——这让它们拥有更广更深的影响力。当文化领域以外的公司涉足媒体，情况就变得更加令人担忧。这些公司必须保持意志高度坚定，才能保持节目内容公正不偏颇。

令人不解的是，像美国通用电气公司和法国拉加代尔集团（Lag-ardere）之类的军工企业也获准大幅度参股文化和媒体行业。武器制造商有明确的利益诉求，它们希望营造有利于自身经济活动的媒体氛围。此类军工企业拥有能够制作内容、营造气氛和引导舆论的文化新闻媒体会惹来大麻烦。令人不能接受的是，欧盟的媒体管理规定显然一无是处，以至于让贝卢斯科尼这样的文化媒体行业寡头数次当选总理。

在美国，基于"必要设施原则"❶，"必载"制度❷同样适用于在发行环节具有垄断地位的企业。它还要求在不干涉内容的前提下播放第三方节目。如果对某国至关重要的媒体出现落入外国公司之手的危险，所有权的规范条例同样也有帮助。这有什么不对吗？有很多。如果媒体的所有者消极避世，与相关国家除了经济联系外没有其他重要联系，那么社会民主就会枯竭。当然，这需要权衡利弊。不能保证周围的所有权人真正地关心他们自己的社会利益。

禁止倾销文化产品也是建立规范化市场的方案之一。不可否认，如果市场营销费用超过一部普通好莱坞影片制作费用的一半，那么这将不利于竞争。因为，谁也敌不过这样的市场推广力度。

文化企业家

假设真的建立起公平竞争的文化市场，就能实现本章开头提出的目标吗？我们认为可以。再也没有障碍阻止文化企业家去承担创业风险。经商总会有风险——您不得不接受这一点，艺术家和文化企业家都不怕冒险。在我们构想的新型市场模式中，人们

---

❶ "必要设施原则"，又称作"瓶颈理论"。一般认为，必要设施为一种可与消费终端直接连接，并可被竞争者视为对经营有价值的设施。其特别之处在于，由于物质条件上、地理条件上、法律或经济上的原因，不能或难以对该设施进行复制。因此，该设施成为"必要"。"必要设施原则"是竞争法的一项法律原则，其含义是处在市场支配地位上的该设施所有者应当允许竞争对手使用，否则即构成对其市场支配地位的滥用。——译者注

❷ "必载"（must-carry）原则也称为"必须传送"原则，按照美国法律规定，有线电视运营商必须免费播放地方无线电视台的节目。——译者注

可以笑对风险。这些企业家在文化界各个领域都能有所发展，为消费者带来大量艺术作品和演出。往昔的小众市场也能够吸引大批人关注，这在以前根本难以想象。

如果大型文化企业不再向大众进行铺天盖地的市场推广活动，那么（潜在）受众更可能形成对不同潮流的兴趣。有什么理由对此进行否定呢？例如，人都有点怪，对于悲伤时如何振作或度过各有不同要求。如果这些要求不再被外部世界所淹没，那么人们将会拥有更多的选择。

另外，人又喜欢随大流儿。因此，大众很可能只围着某个艺术家打转转。我们现在就可以告诉你本章即将得出的结论：这位艺术家的作品会卖得很好，但永远也不能最为畅销，因为市场条件不复存在。再具体点说，我们要讨论的是，此举会给文化市场中大多数艺术家带来怎样的福祉。

我们为公共领域建立规范化市场是非常有益的行动。毕竟，艺术作品和知识将不会被人据为己有，依然属于全人类。世间不再有任何公司能够垄断制造、加工或发行。

目前为止，本书过多地关注于版权体制，而对于依靠竞争法案扭转市场垄断格局关注不足。另一方面，我们已经指出，废除版权体制可能比扭转市场垄断格局更加容易。这似乎有些自相矛盾。不过，也不尽然。

竞争法案早已存在。实际上，设立竞争法案就是为了创造公平竞争的市场。很明显，现存的文化市场根本不符合这个标准。当然，超大型企业一定会抵制拆分行动。民众也有自己的顾虑。

拆分行动如何进行？大笔投资难道不会化为乌有？由于企业已经发展到了前所未有的规模，如何既能扭转当前的局面而又不打碎篮子里的鸡蛋成为目前我们必须解决的问题。这些大企业现在已经变得尾大不掉了吗？我们是只任由命运摆布，还是可以想出重获市场控制权的点子？我们将在后文中对此进行讨论。现在，必须承认，我们尚未找到最终解决办法，但我们愿意一试。

就竞争法案（反垄断法）而言，方法是现成的，人们对其作用不存在太大分歧。但是，我们依然需要推测一下反垄断法是如何执行的。例如，让我们试着把默多克旗下的企业拆分成若干小公司，分属不同人所有。接着，诸如是否必须分文不差地付清所有赎买的款项等令人避犹不及的问题很快就会出现。

如果我们在面对复杂问题时采取鸵鸟政策，那么文化市场依旧会被少数市场参与者垄断，虽然这种状况令人难以接受。顺便说一句，如果我们将文化行业巨头拆大化小，市值损失不会很大。拆出来的每个部分都是所有权独立的中型企业，还是有市值的。将这些市值加起来，如有损失，也相对较小。但是对于这一点，我们还需打上一个问号。毕竟，我们的研究成果还远远不够，文化市场的重组方式及影响还需要进行更多的研究，包括统计数据。

对于我们废除版权的想法，版权持有人总是费尽心机地提醒说，版权问题关系到巨大的经济利益。虽然我们发觉，版权所有人已经开始放弃版权体制，逐渐转向契约形式，在产品赞助的基础上利用广告牟利。不过，问题还不止于此。版权已经存在了几个世纪,作用不言自明,废除它需要慎之又慎。版权还关乎人们的感受,因为人们想当然地认为版权能够让艺术家更加轻松地生活工作。此外,版权已经出现了多种改良方案。这些方面统统需要加以考虑,也是本书比较重视版权制度的原因。

不给小偷留机会

本书已经写到了有趣的环节。能够按照我们的要求建立起一个真正有效的市场机制,让窃贼无机可乘只能灰溜溜地逃走吗?换句话说,在这个市场机制下,艺术家及其代理人、中间方,委托机构或制作方能够过上好日子吗?市场风险能够为人所接受吗?这些人有理由相信他们的作品能够得到相应的尊重吗?

首先从他人是否可能在不付费的情况下使用作品这一问题入手。在作品面市后,会有文化企业家立即现身并利用其牟利吗?实际上,版权不存在的话,的确可能会出现这种情况。但是,也有几种原因能够说明这种情况为何不可能。第一个原因是首发效应。原作发布方或制作方最先进入市场,这是一种优势,当然,数字化技术出现后,首发效应可能只能维持几分钟。(Towse 2003:19)这本身并不是问题。大多数艺术作品名气不大,"搭车客"[1] 不会如饿虎扑食一般猛扑过去。而且,有一点越来越重

---

[1] 现实生活中存在着"搭便车"行为,即指在别人付出代价去取得后,"搭车客"(free rider)不劳而获地享受成果。搭便车行为会影响公共政策的制定和执行,因为搭车客都会期待他人支付成本,自己坐享其成。——译者注

要，那就是艺术家和企业家给作品注入了他人无法模仿的某种特性。打响知名度虽然并不完全解决问题，但依然非常重要。我们还应牢记，市场上不再存在垄断企业，也不再有大公司能够控制发行和推销环节从而轻易"剽窃"近期发表、反响良好的作品。

既然不存在版权，也就不存在剽窃问题。让我们将之称为"搭便车"行为。实际上，很多企业都能想出同样的方法，这样的企业也许有二三十家，甚至四十家之多。基于这种情况，企业也就不太可能甚至非常不可能花费人力物力财力重新推广一个业已面市的作品。我们应该担心原创者（即风险承担者）之外的人会带走一件实际上属于公共领域的作品吗？这种情况不会发生。一旦有大量的市场参与者倾向于参与"搭便车"的博弈，他们的投资必将化为乌有。这样一来，几乎只有原创者才能够继续利用作品牟利。

需要提醒的是，我们早先提出的两手抓手段必须同时使用。废除版权不应孤立开展，必须加以竞争法（反垄断法），通过对市场的监管支持文化所有权的多样性和文化内容的多元化，只有这样，我们才能建立起阻止"搭便车"行为的市场机制。

如果某件作品非常成功，那么有人就可能将其纳入自己的产品线当中，原封不动地"克隆"或者根据自己的想法进行"山寨"。这有问题吗？首先，很多人都有能力这样做。而且，如果作出准确的市场预判并时刻保持警惕，原创者就会大幅领先于他人。例如，他可以推出廉价版产品，此举并未使竞争加剧。成功的作品肯定会被他人利用。对此可能有两种反应。第一种反应：

这样做问题不大，作品已经让创作者、最初的制作方或发行方大赚特赚。照搬照抄或者改头换面都只会提高原创者的知名度，让其多方面获益。

第二个反应则完全不同。人们难以认定，搭车客不会有一丝惭愧之情。因为这将有损于他的名声。能举个例子吗？原作者——此人应该很有名，否则没人"剽窃"其作品——可以通过访谈或其他公开场合向外界说明目前出现了一些错误行为：有人使用了他的作品却没给钱。这样做有用吗？我们已经能听到西方人甚至西方国家以外的民众的嘲笑声。必须承认，我们的看法也有所保留。在《耻辱》一书中，萨尔曼·拉什迪（Salman Rushdie）笔下的某位人物曾说，"丢脸跟其他事物别无二致，时间一久也就习以为常了"（1983：28）。

不过，稍稍分析一下羞耻感没坏处，因为羞耻感并不全都是滑稽可笑的内容。在日本和东南亚国家，羞耻感在特定条件下发挥着作用，我们在这里不另赘述。反正廉耻心的确存在，并在某些方面对市场行为起到修正作用。当下的西方社会不存在这样的机制。所有关系都必须绝对合乎法律规范。结果，我们总是花大笔律师费上法庭解决问题。

弗朗西斯·福山（Francis Fukuyama）建议，推测一下律师费到底有多贵？这笔费用数额高，相当于对经济行为征税，因为商人普遍多疑，而多疑不利于做生意。（1995：27，8）我们支付如此高的费用，是因为除了诉诸法律，我们没有更好的机制规范市场行为。所以，我们得另辟蹊径。版权不再能提供司法援助，市场上也不再存在垄断者。我们难道不应该下意识地寻找另一种机制保持市场运转吗？我们可能只有依靠羞耻感和保持脸面等机制，并开始重视它们。这种想法真的是杞人忧天吗？

我们曾简要提到，如果按照我们的想法建立市场，那么销售冠军现象将一去不复返。从文化的角度讲，这是有利的，因为大多数世界公民在建设精神世界时能够拥有更多更广的艺术选择。从经济的角度讲，这将造就无数文化企业家，让他们能够不被排斥在大众视野之外，从而在市场中赢利。同时，我们认为，一些艺术家确实更有艺术魅力。由于获取国际知名度的机制已经不复存在，这些艺术家的作品不一定"最"畅销，但却会"很"畅销。对于艺术家本人、制作方、发行方和其他中间商来说，这样既赚面子又赚里子。

另一个讨彩的效果是，此举能够缩小艺术家的收入差距，让收入分配更加合理。此前，基层艺术家和天皇巨星之间的收入存在天壤之别。在我们设定的模式中，销量好的艺术家可能比其他人多些收入，但这种差距为社会所接受。同时还出现了另一个巨变。随着公平市场的建立，大量艺术家和中间商的收入好于以往。过去，他们可能生活艰辛，收入徘徊在平均线边缘，经常还拿不到平均数。现在，很多人的销售收入会大幅度增加，收入超过及格线。他们的作品可能不会很畅销，也没这个必要。

由于工作能够赚到钱，他们的境遇发生了翻天覆地的变化。不仅艺术家的收入实现了飞跃，企业家（本身也可能是艺术家）的风险也大幅度减小。做生意不再毫无保障，或者挣扎着保本。

投资变得有利可图，并能够为进一步发展积累资本。企业家的顾虑也进一步减少，愿意冒险让怀才不遇的艺术家——它们确实有能力发表作品或者进行表演——放手一搏。

文化多样性

尽管大多数文化企业家和创业者的市场地位确有提高，一些人可能依然不能在市场上立足。创业风险的重压是部分原因，不过，生意日益红火或艺术家逐渐崛起很大程度上弥补了这部分风险。但是，有些创意虽不可能带来经济效益，却对社会文化多样性必不可少。

这里谈及的艺术家，或是刚刚开始艺术生涯，或是默默无闻、尚显稚嫩。一些定期举办的艺术活动对于保持文化多样性极为重要，但却不能赢利。作品翻译费用高昂，过高的成本导致作品很难刊行其他语言的译本。歌剧和芭蕾舞就是典型例子，票房收入通常抵不过成本，演员超过两人的话剧也属于这个范畴。

但是，对于社会来讲，这些艺术表现形式也许不可或缺。文化的多样性需要它们来保持。我们知道，大部分作品需要历经岁月沉淀——创作者需要勤学苦练，积累经验，接受受众检验，了解作品反响，直至展露峥嵘。因此，以普通预算进行制作基本上只会亏本。我们还认为，只有事先打基础才能得到社会回报。这都需要中央、省和地方各级政府在资金和设备等方面给予支持。

穷国要为此花掉一大笔钱，由于还有其他方面的需求，它们基本负担不起，我们对此非常理解。但也应该考虑到，文化多样性对于社会发展绝对必要。如果财源过少暂时拿不出资金，那么不论必要性有多强，某些设备还是无法到位。相比过去，很多影音录制和播放设备现在变得价低质优。但是，对于穷国来说，这些设备依旧昂贵。针对这种情况，在开发援助项目中为此类设备留出预算实属良策。

战略性考虑

我们的分析还是纸上谈兵。如果真的要付诸实践，您可能会希望了解我们的实践方法。我们是不是在给自己设置一项注定失败的艰巨任务？实际上，我们的方案设计得不错，现在需要看看实际效果。

请您暂且按捺急切的心情，亲身检验一下它是否行得通，即使仅仅检验一下理论。首先，我们必须明白，依靠版权和市场垄断进行控制不仅不符合要求，也与经济、科技和人际关系的发展趋势相左。真正理解这一点需要经过大量的讨论和反思。有些人犹豫可以谅解。毕竟，用新办法替换老办法，情况也不一定会改善。但是，这么概括又过于简单。社会在变，现在这些方法就不会调整适应？这难道不是更现成的解决方法吗？可能是。

历史上看，短期内发生剧变会引发社会动荡。柏林墙倒塌就是个令人难以磨灭的例子。再来审视一下版权制度，它的确是在走向瓦解，并可能迅速消失。我们没有一口咬定，只是不排除这种可能。相比之下，大型文化企业的垄断地位更难撼动。对此，我们虽不尽信，但也不得不承认，取消垄断比废除版权要难得多。

那么，我们为什么认为文化行业巨头注定会有消失的一天呢？在2008年经济危机爆发以前，人们已经发现，文化行业巨头必须不断制造大量产品才能在竞争中占得先机。问题是，面对这种恶性竞争态势，经济基础究竟能够支撑多久？文化行业巨头不断让老明星复出，这表明其经营模式难以适应青年才俊理想中（或实际生活中）的个人价值展示和实现方式。MySpace和YouTube等新涌现出的行业巨头以及数以百计的交换网站（如苹果公司的iTunes在线音乐商店）在文化界大举攻城略地。重要的是，这些网站是否会有"来得快去得快"的情况？即访客能够在眨眼之间就大批量转投其他网站；甚至不是转投其他网站，而是转投完全不同的体制。

在文化产品制作、发行和销售领域出现的大企业格局不会长久。此外，相对于前几届美国政府对反垄断法宽松的执行力度，当前执政的奥巴马政府可能会略微收紧——或者大大收紧？——反垄断法，也可以考虑对如亚马逊网上书店（Amazon.com）、MySpace和YouTube等市场大鳄实施高度管制。

未来的发展态势尚不明朗，但是美国的主流维权组织近年来一直在发展壮大，这当中就包括迫切希望竞争法（反垄断法）在媒体领域发挥更大作用的新闻出版自由协会（Free Press）。大型制作和发行公司在政治上和经济上的长期稳固地位已经有所动摇。还要补充的是，技术革新正在降低影音制作的门槛。这也是MySpace和YouTube能够占据市场优势的基本原因之一。但是，随着技术的进一步发展，互动交流可能不再需要依赖这种重要的载体。

我们罗列的仅仅是一些迹象，说明版权和市场垄断不再必不可少，为了不是痴人说梦，提前做好相应的准备是明智之举。要想保护艺术家利益、文化企业的市场地位和公共领域，就必须做好打硬仗的准备。首先要提出文化市场的建构模式。本章的大部分篇幅都被用来讨论这个问题。我们希望能够引起热议，促使人们进一步研究，反过来改善我们提出的模式及其理论基础。

我们尚不会考虑如何将我们的建议纳入政治议程。这样做的条件在不同的国家差别很大。仅仅举几个例子，印度不能与荷兰相提并论，马里也不能和新加坡相提并论，伊朗也不能和巴西相提并论。我们没机会在本书中对此进行大篇幅的讨论，但是，我们的确需要考虑深化战略设计甚至是解决方案。

有一点很明显，我们的建议涉及世界贸易组织和《与贸易有关的知识产权协定》。版权的消失将瓦解《与贸易有关的知识产权协定》。我们将在结论一章简要地说明，废除诸如专利权等知识产权不应成为禁忌。《与贸易有关的知识产权协定》或者世界知识产权组织将失去用武之地。这看似遥不可及，但实际上，很多非西方国家都将《与贸易有关的知识产权协定》视作权宜之计，特别是针对专利权而言。（Deere 2009：119）如果真的从不同角度对这一体制进行批判性分析，它会有多少行得通呢？

以市场不断开放为政治前提的世界贸易组织已经开始显得有些行不通了。"保护"弱势群体、社会多样化以及对个人行为和财产至关重要的物品，这一概念已经荡然无存。国民待遇之类的措施令人头痛不已。它将世界看成统一的大市场，人人皆可在平等的基础上随心所欲地展开交易。首先，这不符合实际情况，因为这种平等并不存在。其次，各国都更倾向于抓住机会推动本国的自身发展；文化和媒体领域还可以利用竞争法，各国通过具体情况、具体执行来满足各自需求。

在2008年经济危机中，通过监管让市场不仅仅只服务于股东和投资者利益的想法成为大众话题，这种奇特的现象已经几十年未遇。股东和投资者头脑清醒并自觉维护公共利益这种想当然的想法，已经令人付出了沉重的代价。我们必须抛弃市场有自我管理能力这种新自由主义理念，实际情况根本不是这样。

世界上无论哪个市场都或多或少把某些人的利益置于其他人的利益之上。一旦认识到这一点，我们就会轻松许多。接下来，就可以考虑如何管理市场——当然也包括文化市场，让它们服务于更多人的利益。激动人心的时刻就在眼前，危险自然会有，更有实现目标的机会。

第四章 异想天开？

迷你案例分析

我们的建议到底是空中楼阁，还是能让您至少明确问题的思考方向？身为企业家的艺术工作者，连同制作方和发行方，真的会比现在过得好吗？文化界能摆脱所有制的高度集中而蓬勃发展吗？受众对艺术作品的选择面会更宽吗？这都是本章所要讨论的问题。

我们以迷你案例研究展开分析，案例涵盖了大部分艺术门类。不过，这些分析模型内容并不全面，经济数据也不十分充足。首先，我们缺乏相应的人力、物力、财力。其次，现阶段进行全面的模型分析为时尚早。毕竟，要想完善这些模型，首先必须明晰市场以及市场行为在各个文化门类中的演变方式。这是本章的主旨。我们能实现什么呢？例如，挣钱的时机何时出现？克里斯·安德森在《免费》（2009：4）一书中遗憾地表示，经济学家基本上没有把新型文化市场关系纳入他们的研究范围。

我们的分析恰好有助于反思这一问题，推动调查探索。基于对市场的了解，身处21世纪初期的我们几乎本能地发现了危机的苗头：如果没有版权，人们如何能够真正利用作品赢利？但是，我们也许忘了还有一个条件必须实现，即市场上不应存在垄断者。我们的迷你案例分析正是从这个角度展开的。

这绝非易事。比起我们笔下那不可知的未来，我们更加熟悉现在。因此，接下来，就需要大家参与讨论。我们可不会声称自己已经能够圆满解决所有可能出现的情况。社会未来重组方案通常以完全失败告终。我们不打算重蹈覆辙！譬如，让我们仔细审视一个紧迫的问题。在互联网上以数字化形式发表传统作品并不难。这不是让我们的案例分析的结论失去了成立的基础吗？

当然，我们对此尚无定论，但却已发现一个值得借鉴的方法。这个办法得益于作家科里·多克托罗（Cory Doctorow）的例子。书友们可以从多克托罗的个人网站上免费下载小说。他不认为这是侵犯版权的行为。同时，可能正因如此，他的作品在亚马逊网上书店以及其他主流媒介销量很大。多克托罗甚至不在意发展中国家的读者盗印他的书卖钱。这个实验——他仍然将之称为实验——反映出什么？那就是必须通过新的方式曝光露脸。在信息爆炸的社会中，这是一个主要问题。如何才能在人们心中赢得一席之地？通过无偿提供作品的内容与忠实的读者建立纽带联系——甚至是真正的交往——是基本原则。这样，人们就将停止盗印您的作品，更愿意购买正版书，从而增加了您的收入（Tapscott 2008：35）。现在将例子的对象从书籍换成音乐，乐迷们去听演唱会才是音乐人及其制作方从商赢利的模式之一。

可能会有人反对说："这个主意的确不错，但是科里·多克托罗名气大，这种怪招他玩得起。"没错，名气也许降低了难度，但是即使对多克托罗而言，这也是有风险，虽然最后收到了良好的效果。作为回应，我们再提出一个假设。假设不存在像科里·多克托罗这样名贯全球的大腕，市场的公平性也大大高于本例。大部分作家有机会通过互联网与读者建立起类似的纽带联系。不过，也不是所有人都能办到这一点。这符合生活规律和商界法则。对于那些与科里·多克托罗具有同样潜质的作家，他们的作品会有销路。

唐·塔普斯科特（Don Tapscott）和安东尼·威廉姆斯（Anthony D. Williams）建议牢记两个事实。首先，文件共享几乎占到互联网流量的一半。这一情况不断地提醒我们，网络一代不再全盘接受版权的老概念。他们把盗版和二次创作视为与生俱来的权利，而"不会让老套的知识产权法束缚住自己的手脚"（2008：52）。越来越多的艺术工作者也开始明白，向消费者供应优质产品用不着控制市场。"内容已经普遍免费化。因此，艺术工作者向消费者提供的产品除了'免费'外，还要有其他优点"（2008：282）。实际上，年轻人时间宽裕手头紧，这促使他们极力寻找免费产品。而年龄大些的人则是钱多时间少，他们更愿意花钱省麻烦。因为免费产品不能保修，损坏时不能享受质保。

(Anderson 2009：185，219)

扫清了这些障碍，那么即便在出版业，数字化所引发的也将不再仅仅是技术革命。目前，人们普遍认为，电子阅读器用起来非常不顺手。纸质书在面对电子破玩意时具有极大优势，特别是在阅读快感方面。这种错误的观念已经被打破。根据经济学家保罗·克鲁格曼的研究结果，人们使用Kindle❶电纸书的阅读体验几乎可以媲美纸质书。(New York Times，6 June 2008) 不必懂得占星术也能发现，在不远的将来，电纸书将成为传统纸质书籍重要的竞争对手。

一旦版权消失，事态将会如何发展？脑海中立即浮现出一些可能的情况，不过它们绝对不会是唯一的答案。第一，可以在正文中嵌入一大堆广告。第二，让消费者自觉付费，如同科里·多克托罗的案例一样。作者同读者建立起纽带联系，读者购买作者的作品。第三种情况主要牵涉可供免费索取的研究论文。毕竟，科学家通常不依靠论文牟利，论文的读者范围将扩大到想象不到的程度。大学或者非营利性机构需要支付专家评审和编辑校对等费用，不过这笔钱花得值。

我们当然非常愿意提供大量的例子，说明艺术家如何不依靠版权也能脱离生活困境，甚至过得更好。如果您有这样的想法，那么除了"电台司令"乐队❷这种偶例外，您一定会大失所望。

---

❶ Kindle是亚马逊网上书店设计并销售的一款电子阅读器。读者可以使用亚马逊账号购买并阅读电子版图书、杂志和报纸。——译者注

❷ 电台司令乐队（Radiohead）是一支由5名英国男孩组成的另类摇滚乐队，上世纪90年代初期崭露头角。——译者注

精彩不容错过，内容详见下文。我们为何不以实例说明我们的意思，将理论解释清楚？可惜我们找不到实例。严格地讲，在我们要求的条件下，目前找不到任何成功例证。我们可以假装版权不存在而行事，但这对于大背景依然有影响。除此之外，文化市场依然没有将垄断者清除光。实际情况恰恰相反。

因此，我们考虑虚构一些案例。但是这需要大量的演算、对经济模型的分析并设想组织结构和组织管理的不同组成方式。我们已经指出，我们的研究很难依靠这种方法，不仅因为人力物力有限，还因为我们必须先去深入了解——至少在理论上了解——市场在未来将发生怎样的本质变化。

我们的迷你案例分析涉及图书、音乐、电影、视觉艺术及各种设计学科等多个艺术门类，不论它们是不是以数字化为载体。我们按照制作、发行和销售的次序将其大致归类。我们在案例与案例之间加入一行间隔，人们一看就会知道每个案例都是独立的。

您一定注意到，戏剧和舞蹈没有单独归类。这是有原因的。在这个领域，版权涉及作者、作曲家，可能还有舞美设计。相关问题和解决方案已经在书籍、音乐以及某些设计门类等相关领域得到了更透彻的分析。如果不存在版权，则人人皆有权在不改动或者少量改动原作的基础上进行表演。如果版权依旧存在，那些认为自己作品被他人占有的导演会让代理律师发来一封愤怒的律师信。顺便说一句，给予原作者物质补偿值得提倡。或者至少通知他们一声，虽然这在更大程度上是一个礼节性问题。如果剧作家坚持要求按照自己的理解来演绎作品,那该怎么办?为什么不尊重这种想法?即便是依然希望改编作品的人也必须承认,表演的主要内容源于作家的剧本。

书籍

作家以文谋生。即使面对新的市场环境,他还是会主动上门找出版社。找到后,双方会签署一个合同,敲定版税。然后,出版商将开始工作,准备书籍的出版和销售事宜。

在这一阶段,出版商具有竞争优势。它是首家销售这本书的出版社。这让它有足够的时间去获取收益,回收成本。在没有版权或市场垄断力量的新环境中,书从出版的那一刻起就进入了公共领域。这仅仅是新规则的影响之一。因此,从原则上讲,任何人都有机会出书。

我们有必要对此感到害怕吗?我们不这么认为。在上一章中,我们已经想过是否可能会出现盗版。这似乎极不可能,因为市场已经出现了一个变化。愿意碰碰运气的出版社可能不止一家,可能有20家、30家甚至40家。认识了这一点,了解了新的市场条件,人们就不是特别愿意在不付费或者未经许可的情况下再版某家出版社或某位作者的作品。

假设有出版商敢于冒险,可能会出现以下几种结果。

首先,原出版社立即会推出一个"抗衡版"或"绞杀版"。如有必要,将以成本价销售。此举可以将"搭车客"挤出市场,告诉市场各方,"如果你胆敢侵犯我的地盘,这就是下场"。如果市场被处于绝对垄断地位的参与者把持,小型甚至是中型企业根本不能采取这种反击手段。但是,在我们设计的规范化市场中,这种手段的适用性却非常高。诚然,这是对能力和财力的考验,可我们不必与财大气粗、人脉深广、势力庞大的公司竞争。因为这样的公司已经不复存在。

所以,出版社能够准确预估销量并及时加印关系重大。如果能做到这一点,其他人的"绞杀"版本也就没有什么市场空间了。

市场还存在大量的边缘地带,也就是细分市场。其他出版社可能主攻此类细分市场,对其了如指掌,而原出版商却从未有所涉足。这会诱使其他出版社索性忘记给予作者和原出版者经济补偿的市场礼节,在此类市场中再版原出版方的书籍。这本身并没有问题,因为原出版者并未打算在那里拓展业务,谈不上有收入损失。但是我们都明白,有些地方不对劲。面对这种情况,羞耻心和保持脸面的方法便可派上用场。我们已经在上一章对此有所关注,包括该方法的缺点及可能的弥补手段。

我们还提到,冠军畅销书再出现的可能性微乎其微。不过,有些书还是会比其他书卖得好,因而能够跻身畅销行列。这对于正在讨论之列的作家和出版商来说是好事,但是它们已无法垄断市场。"搭车客"可能会利用这种畅销书籍出相应的廉价版本。但是,大部分书籍都不会遇到这种情况。我们在第三章中说过,平均情况会好得多,因为大部分书籍名气不足,"搭车客"难以将它们大量推向市场。不过,销量好的书偶尔会遇到这种情况。

我们必须再次指出，这本来不应成为问题。首先，我们得牢记，"搭车客"有意愿却没能力将这种行为合法化。这将风险降到了合理的水平。此外，对于作者或原出版者而言，这不是头等大事。书籍销路已经很好，取得了不错的收益。而且，原出版方还可以继续销售这些书籍，从"搭车客"创造出的新利益中得到好处。而且，作者——以及出版商——还因此名气更旺。我们说过，名气也会产生效益。

在本书的前言部分，我们已经探讨过，数字化技术——还有电子阅读器——在作者与读者建立起联系后可以给予作者怎样的帮助。

数字化发行领域已经出现了亚马逊网上书店这样的领军人物以及一些二级内容提供商。我们必须使用竞争法来判定该领域是否已经出现了超级垄断企业。您可能会好奇，卖书——卖电子版书籍——这样的单纯行为能有什么问题？但是，销售电子图书这种行为并不那么简单。商家向消费者推荐其感兴趣的其他书籍，还对书籍进行评级打分。多家书店的存在可以防止一家之言，同理，我们也必须确保扩大电子图书的购买渠道。

在法国，一个独立书店联合体正在试用电子销售系统。不论怎么看，此举表明这些书店不愿在数字化时代败下阵来。下一步，他们可能就会购买设备进行按需出版。按需出版具有数不清的好处。

本质上讲，书店上架的图书有限，库存周期问题也让人挠头（图书库存需要成本，而且库存空间本可以用来码放新书）。按需出版可以让想得到的一切书籍瞬间即可面市。书店不必再因担心图书下架而失去某笔生意去向出版社订购大量图书。滞销书籍——肯定有很多——将被退回出版社化纸浆。从生态学的角度讲，图书印量过大根本就是蠢行。

贴近读者要求进行按需出版，还可以将本地书店变成服务中心，服务于希望出版图书——家族史、诗词和小说——的本地居民。现在，民间写作如火如荼。按需出版的优势在于精确确定印数。不过，相比互联网上提供同类服务的企业，书店还得保证顾客能够得到额外的服务。

再次回到作家的角度。在数字化时代，为了发表作品，作家不必主动接洽出版社。当然他们依然可以这样做——如果理由充分的话，但已无绝对必要。图书的编辑与装帧设计可以由作者亲力亲为。图书可以通过网站发表，既可以发行电子版，也可以仅仅推出纸质版即将出版的预告，还可以两种方式并用。由于是按需出版，印数用不着超过需求。作者也可以定期更新内容。很明显，数字化正在推动出版界逐步发展。音乐行业多年来的变化可以给予大量借鉴。

音乐

音乐会和其他演出形式已经成为音乐人赚钱的上佳方式，而且还产生了额外的效应。表演者演奏或演唱曼妙迷人乐曲——不论是流行音乐抑或其他曲风，造就了某种亲密联系。

音乐人是否依旧需要唱片公司,这几乎不值一问,答案当然是否定的。在最新技术的帮助下,他们可以按照自己的想法录制音乐。他们不需要依靠来自大公司或其旗下唱片公司的营销经理,转而通过网络进行发行和销售,或者将这些活动安排在演唱会结束之后。这会大幅度降低中间环节的费用。乐队或剧团有权认为给自己找经纪人的确有帮助。经纪人可以分担部分工作,在这方面投资是值得的。

根据乐队与相信乐队的民众(即"信徒")之间的关系,"卖乐队"公司(SellaBand)形成一套募集启动资金的商业模式。信徒们可以购买乐队的股票,起步价 10 美元。如果成功募集到 5 万美元资金,"卖乐队"公司就会负责制作和推广等活动。信徒们接过了企业的传统角色。(Howe 2008:256-8)这种参与行为被称作"众包"(crowdsourcing)。杰夫·豪将这种现象视为"上千人参与的无组织活动,这些人肆意行动,当旁人也这样做时尤甚"。人们不再愿意只当消费者,他们希望参与到对自己意义重大的制作工作当中。(2008:13,4)此举依然会带来经济效益,这一事实不会改变,但却绝非快乐的主要部分。参与"卖乐队"公司项目的信徒也会从乐队的收入中得到经济回报。

此前,我们曾经提到"电台司令"乐队。在 2007 年,该乐队发表了全新专辑《互联网上的彩虹》(Rainbow on the Internet)。买还是不买,买的话愿意付多少钱,一切全由乐迷做主。这张专辑的下载量超过 100 万次,约有 40%~60% 的人选择付费,平均 5 欧元/人。(Le Monde, 19 December 2007)保守估计,这给"电台司令"乐队带来了总额 200 万欧元的收入。这表明，粉丝们希望乐队再创新作。

有人可能同样会嘲讽说，"电台司令"是支有名的乐队。所以，成功没什么稀奇，赚到这么多钱也没什么稀奇。但是，在我们提出的未来世界里不再有乐队具有如此高的知名度，因为没人再可以或可能调用所需的市场资源。即使所需金额不高，乐队也必须全力以赴争取。最终，这将演变成与准乐迷建立联系，忠诚的乐迷最终会乐意掏腰包，就像我们在"电台司令"乐队身上看到的一样。实际上，由于在管理和营销环节上节省了大量成本，乐迷们支付的金额并不高，可能比从大唱片公司买一张 CD 唱片还要便宜。

在我们的设想中——仅仅提出来供大家探讨，广播公司可以免费使用音乐作品。原因何在？首先，我们必须牢记，它们不再具有现在的优势，不再是大集团的分支，这将降低节目千篇一律的可能性。而且，为了获得广播许可证，广播公司必须保持节目内容多样化，主打其擅长的流派。至少，我们认为应该这样。如果社会能提供大量设备让广播公司大展拳脚，那么我们就可以要求他们通过节目，最大限度地展现社会艺术创作的发展变化。这样一来，更多的艺术家就能够为人所知。这对艺术家的名气很重要，因为观众会慕名去观看演唱会。

广播公司能够选择多种方式在其收听范围内推动文化氛围的多样化发展。它们可以赞助文化节、大师班和其他活动，为营造催人奋进的音乐氛围给予基础性支持。当然，这不是硬性要求，但是如果广播公司无所作为将会引起人们的关注。通过这种参与，它们也可以从听众的音乐及其他文化生活中提炼出相关节目内容。

到目前为止，我们的目光主要集中在演奏者身上。但是，演奏前要先谱好曲子，除非现编现演。那么，在我们设定的环境下，在作曲家身上会出现什么情况？我们认为，存在两种可能。第一种，作曲家受某乐团委托谱曲。第二种想到的可能性，就是他们创作后找到愿意买下曲子演奏的个人、乐队或者交响乐团。在这两种情况下，作曲家经过一番讨价还价后都能得到一笔钱。但是，总额一定高于当前的水平。

合同可能这样规定：演出成功有作曲家的功劳，作曲家据此获取一定比例的演出收入。这种情况类似于出版商和作者签订的合同。风险共担，收益共享。最终，音乐会能够带来不错的票房收入。作曲收入标准和金额的提高能够代表作曲家的成功。

大致上，谁都能演奏几下。有人大概想知道，实际情况是否如此，以至于侵权者断然拒绝为作品再利用付费。羞耻感和保持脸面等手段可以在一定程度上让人们遵纪守法，但却不能提供绝对保证。我们也认为，只有一部分作品将会遭到侵权。大多数曲子的精彩程度不足以吸引旁人演奏。顺便说一句，这跟曲子的质量无关。尽管如此，如果有人没付钱就将别人的作品放在自己的演出曲目中，那么作曲人反而会变得更加出名，这将提升其市场影响力，带来经济上的好处。

很多企业都靠音乐赚钱。如果版权不复存在，音乐的赢利作用就变得异乎寻常的低。但是，实际情况并非如此简单。企业希望以某种方式独树一帜，譬如通过音乐原创。那么，使用他人的乐曲就毫无意义。反过来说，企业也就不必担心作曲家为其创作的乐曲被其他公司使用。

乐团或剧团没有足够资金支付作曲家合理的作曲费用，这种现象非常普遍。上一章中，我们已经恳请政府对此慷慨解囊，给予补贴。毕竟，音乐作品不断推陈出新对于推动艺术发展非常重要。此外，当代作曲家的创作努力还连带着大大激发了社会的音乐生命力。

电影

多亏政府补贴和其他机构（诸如官方支持的电影节）的支持，一些国家，通常是欧洲国家，依然能够制作各种不同类型的电影。不幸的是，大多数影片的收视人群非常有限，主要是国内观众。可以说，欧洲电影跨不出国界。这种电影很少能在海外放映。

好莱坞垄断着很多国家的电影市场。从制作到放映的纵向整合是这一现象的部分原因。这种整合或者简简单单——一家企业旗下拥有数家公司——或者以极其复杂的合同买卖或投资参股等形式出现。还有一个重要因素，就是铺天盖地的过度营销活动，我们在前文已经有所提及。

如果我们的建议变成现实，那将会是怎样一番壮观景象？我们已经指出，再也不可能有人制作"大片"了。没有了版权的保护，失去了对市场的控制，也不再可能在市场上一掷千金，投资者们对于这些项目几乎将丧失所有的投资动力。

在"大片"时代，影片的成功率很低，十部电影只有一部赚钱，当然赚钱的那部利润可观。没有了"大片"，我们相信影片赢利的可能性将会上升至四成。以前偶尔出现的顶级卖座大片将会让位于若干部票房不错的影片。随着拍电影的风险大幅度降低，电影制作机构的高度集中化也就毫无必要。一些规模适度的制作机构，即中小型公司，能够且将必然取代大型电影工作室。好莱坞大型制作公司的黄金时代似乎已经结束，从经济的角度看，这当然是一个惊人的转变——虽然实际情况可能不如表面上那般惊心动魄。

实践中，将会出现两种类型的电影。制作成本高达数百万欧（美）元——或许更多——的电影以及预算相对适中、约为2万至7万欧（美）元的电影。那么，这两类电影如何收回成本呢？

我们必须坦言相告，拍摄成本高达数百万欧（美）元的电影，制作方不会很快收回投资。在新的市场条件下，这种情况是可能发生的——即使在没有垄断企业的市场中，这一预算额度也不算非常高，只不过我们暂时假定它合适罢了。尽管如此，欧洲的市场规模达数亿人之多，很多都是潜在的观众。我们只需改进欧洲大陆的电影发行工作。欧盟委员会也可以发挥辅助作用。更准确点说，根据《阿姆斯特丹条约》，政府、欧盟委员会和欧盟对此负有明确责任。别忘了一个重要的事实：市场上已经不存在任何卖座大片。大量影片拥有了更多的市场空间，人们也渴望看到这些电影。这提高了制作方更加轻松地回收成本的可能性。

谈论图书和音乐时，我们多次发现，艺术家和制片人的确能够在不冒过多风险的情况下收回成本并赚到合理利润。现如今，对于制作成本在几万至几百万欧（美）元之间的影片，盗版让创作方或制作方毫无赢利空间，产生了巨大的投资风险。我们必须承认，找到这个问题的解决方案是我们研究中的难点，我们乐意分享自己的研究成果，换取更好的解决方案。

电影的成本回收需要时间而盗版又非常容易，那么我们只能得出一个结论：在成本回收期间，电影应该受到保护，让其可以领先其他市场参与者。换句话说，企业应该在不受干扰的情况下，在一小段时间内享有电影作品的独家开发权。

为什么必须这样？如果企业不能在一段时间内不受干扰地开发电影，那么就将出现无人再敢冒险拍电影的局面。电影院和电视台就会无片可放。因此，应该对市场中的相关利益各方进行监管，以确保影视产品制作不断档。

可以想象，这些相关利益方根据私法或公法达成协议。选择哪类法律视企业所在国的普遍做法而定。这需要各方就电影付费问题达成一致。这种双方协议排除第三方参与。合同期可以设定为 6 个月。过后，电影可以免费使用。合同期限也可以根据电影类型的不同而变化。

协议达成的基础是为了实现一个清晰的目标：保证精心制作的电影得到充分支持。这保障了社会基本利益，即人们能够观赏到类型多样的电影。大众是直接利益攸关方,希望能够经常有新的选择。

我们花费了大量时间就自己的建议是否会被当成版权制度展开说明,这一点您一定想象得到。我们的最终结论是不能。两者存在两个明显的不同。首先,没人能够阻止别人修改电影。这是最根本的区别。在我们设想的方案中,任何人都有权根据自己的方式重新编排电影情节,进行二度创作。在版权体制下,这种随性的举动将被认为是侵权。我们更加鼓励改变。新改编的电影可以被当作制片方与影院、电视台的妥协产物。

这大致是与版权体制的第一个不同点。第二个不同点是,按照我们的方案,人们可以在任何场合自由播放电影。在版权体制下,版权所有者对于电影的播放环境有很大的控制权。在我们的方案中,这种禁止性权力根本不存在。

与我们意见相左的人可以说,这仍然是在创造一种独占性权利,即使它是一种短期权利。那么这与版权不一样吗?在我们看来,它与版权当然不一样,不过深入讨论这个问题也没什么不好。我们必须时刻牢记,我们不仅已经废除了版权,而且还将市场变成公平竞争的地方——就程度而言,至少也算是市场干预。

几乎想不出什么办法阻止电影的数字化传播。我们曾说过,真正的粉丝会尊重制片方的工作,很可能掏钱看电影,而其他人只是占便宜罢了。

在我们提出的私法或公法体系下,这种解决办法执行起来不会复杂。其核心内容就是建立清算中心,根据成本大小、限制级别的高低和院线风格将电影分类。计算票价并让大家掏钱也就变得相对简单。

当然，对于如何在国际范围内执行这种解决方案，我们需要深思熟虑一番。比如，可以采取"交叉抵押"❶的方式，这样一来，影片在海外的放映几率就会大大高于当前水平。毕竟，再也没有影视作品能够疯狂造势，并在全球同步上映。这让其他电影也有机会上映。

拍摄和放映非常有可能全部数字化。这让电影院在选排影片时可以更加侧重影片的内容。他们不必再等待拷贝冲印完成。制片方也不必在决定拷贝发行数量时精打细算。现在，拷贝的发行数量要多少有多少。制片人也不必再担心会被纵向整合入数百家——如果不是数千家——电影院，而且按照我们的方案，制片人借助数字化可以非常容易地推出一鸣惊人的卖座片。正如我们所说，我们的方案模式中不存在这样的纵向整合。

简要说明一下，特别是在欧洲，多亏了政府补贴，才能拍摄大量成本在数百万欧元的电影。如果实践证明我们的方案可行——我们也期待如此，那么在新的市场环境下，很多电影都会卖座赚钱。也就不再需要任何补贴。但这不会改变政府必须时刻做好准备的事实。即使在公平竞争的市场环境下，也总有些类型的电影不赚钱。如果我们认为多样性的存在不可或缺，那么就应该依靠

---

❶ 交叉抵押（cross-collateralization），即用一部影片的纯赢利抵消（或支付）另一部（或几部）影片的制作发行费用。这样一来，同期或先后上映的影片中只要有一部赢利，就可以支持另一部（或几部）影片的上映。——译者注

补贴继续拍摄它们。

　　我们非常明白,穷国鲜有财力给予这样的支持。譬如说,光是举办电影节就耗资不菲。那么,政府补贴行为表明,社会正在积极改善电影环境。顺便说一句,(电影)市场规范化为国内的电影工作者提供了更好的工作环境。

　　前文说道,卖座大片消失后会产生两种类型的电影。我们已经说明了预算规模达数百万欧元的电影的前景。除此之外,耗资数万欧元的电影也会迅速增多。电影拍摄设备越来越质高价低。马来西亚导演陈翠梅(Tan Chui Mui)的电影作品《真爱无敌》(Love Conquers All)就是一个例子。这部耗资仅2万欧元的电影获得了2007年鹿特丹国际电影节一等奖。无独有偶,尼日利亚每年制作数千部具有类似预算规模的电影。

　　当然,这里所谈论的电影与媒体上常说的不同。不过,要在这种看法之前加上"我们"二字。全球会有数亿人认为电影就该这么拍。他们还真就只熟悉这样的叙事结构。人们对电影的欣赏评价口味也在变。电影的摄制风险明显呈现出新的特点。演员和幕后人员可以选择按岗定薪,也可以选择共同承担摄制风险,收入全凭电影的票房成绩。那么,希望他们能够对电影行业的情况有个真实的了解。针对这类电影,出现了多种经济模式。在尼日利亚,制片人通常每年产量颇丰,他们或者同期忙于几部电影,或者拍完一部再接一部。每部电影的摄制时间只有一两周。制片人拥有遍布全国的销售网络,几天内就能卖出数万部影片——有时甚至是数十万部。这就让制片人在影片上市时间上领先于任何可能出现的"搭车客"。按照我们的思维,这种多少有些纵向集成的销售网络形成了过度市场垄断。但是,此时,情况是否如此需要商榷。因为在尼日利亚,制片人数量众多,拥有各自的销售网络,必要时会拼个你死我活。此外,此类电影的新鲜感连一两周也保持不了。所以,市场上总是存在大量新影片,很多可能已经在上一集就公布了部分情节。这样,它们就(意外地)成为一部长剧中的一集。这些电影经常反映生活中的问题,并反过来推动这些问题的解决。

低成本电影可以通过集资来解决融资问题。(Howe 2008:254)粉丝们或者"信徒们"("卖乐队"公司的说法)可以帮助筹集必需的资金。为此,导演必须打出名气。这样,像在尼日利亚一样,影片通过销售网销售。如果销售网不存在,那么建立这种网络是一个繁重的工作。虽然越来越多的电影节及类似活动也适合进行影片销售,但是互联网上显然商机更多,这寄希望于粉丝们会因对导演感兴趣而掏钱。另一种模式则是,制片方希望在YouTube、MySpace等类型的网站取得突破。那样,他们就可以通过周边广告分成赚取高额回报。

视觉艺术,摄影和工业设计

一般说来,人们倾向于认为,文化界的权力集中主要存在于音视频媒体、电影、音乐和书籍等领域。但也不应忘记,在视觉艺术、摄影和工业设计领域,决定权的集中也是一种普遍现象。

克利斯蒂拍卖行和苏富比拍卖行以及大型国际设计院就是典型的例子，还有就是著名画廊组成的网络以其与美术馆、机构性买家和藏家之间的关系。

市场是否存在任何形式的垄断破坏了公平竞争的氛围，这个问题需要认真考虑。首先，我们需要增加视觉领域的透明度。我们能发现哪些横向和纵向的联系——根据合同规定的（非）正式联系？我们应该有所行动吗？暗箱操作一定程度上致使该领域难以控制，我们非常了解这一点。(Stallabrass 2004：2，3)

尽管如此，我们还是要考虑到防止垄断力量的经营活动形成市场准入壁垒的公共利益：不同企业的作品和设计理念理应一视同仁。作品之间也不应该存在如此离谱的价格差异。如果巨大收入差异基本消失，也不会在该领域造成多大的社会性和文化性影响。当然，我们也不能做得太出格。因此，深入研究市场地位以及个人视觉作品的市场行为也是一个先决条件。

首先，视觉艺术和设计市场的这种监管方式——凭借竞争法和所有权规范条例——应该比版权发挥更大作用。毕竟，视觉艺术作品或设计作品通过——也可以不通过——市场来销售，如果市场环境公平，则供求可以取得平衡，价格就会更加"正常"——换言之，就是既不太昂贵也不很廉价。

当前，版权只有在交易发生后才能发挥作用。我们将要讨论多种情况，看看版权是否真的必不可少。我们首先想到的是追续权或转售版税权。在一些国家，这种权利是用来确保作品转售时，原作者能够分享作品增加的价值。艺术家在默默无闻的时候经常以低价出售作品,而成名后却不能从作品转销中获利,这推动了追续权的形成。

很多人反对追续权体制。首先,很多国家拒绝设立这一制度。这让他们比存在追续权的国家对交易商更加有吸引力。在设立追续权的国家,艺术品交易市场的发展相应较慢。这种情况对于大多数艺术家而言并不有利。在作品最可能卖出去的地方却卖不出好价钱。

另外,在转售时能够获益良多的艺术家可能已经非常有名,过上了富足的生活。早期作品售价走高不仅增加名气,还可能推动其作品销量。但是,如果木匠或建筑师的作品在转售时卖出好价钱,我们却不可能再给他们额外一笔钱。当然,我们非常明白,艺术家在起步阶段与成名阶段的确存在很大的不同。因此,追续权受捧也有一定理由。但是,我们认为需要延续一个惯例。如果初次销售和二次销售存在巨大的价格差异,我们必须周到地考虑到艺术家的利益。新买家——还有卖家——需要有一种非正式的社会责任,确保向艺术家支付一部分转售金额,否则良心将受到谴责,名誉将受到损害。

还要说的是,追续权理念和追续权制度是随着艺术家建在时其作品以高价换手的情况应运而生的。因此,我们认为,一旦市场如我们设计的那样得到规范,疯狂的转售价格将一去不复返。在 2008 年秋天,由于经济危机的爆发,价格在几周之内大幅下跌。

除此之外,版权的精神权利在视觉艺术领域发挥着重要作用。精神权利的消失会引起问题吗?在这方面,我们的设计方案主要建立在经济学家布鲁诺·弗雷（Bruno Frey）的研究结论上。（Frey 2004）首先，在过去以及现在，仿制或者复制作品是完全可以接受的行为。艺术家从中学习，还显示出原作复制是有市场的。人们过去肯掏钱买复制品，现在依然如此。仿作让"原作"飞入寻常百姓家，这些人原本买不起原作。

艺术家也从中受益，因为这提高了他的声望，也让新作能够卖出更高的价钱。不难想象，仿作的水平越高，就越能提高作者的名气，新作销售的收益也就更大。仿作的另一个好处是，它有益于艺术能力的形成。这是艺术家学习技艺的绝佳方式。而且，临摹和改编保持了艺术的活力和创造力。前人的作品提供了实验和创新的空间。如果法律禁止这种做法，那么艺术家就必须创作全新的作品。这当然不可能实现，将会导致为了创新而创新。对于艺术家来说，这往往会导致创作力枯竭。认为创新俯拾即有的想法是个幻觉。我们已经发现，版权体制下禁止乐曲"采样"❶导致很多音乐魅力大减。

当然，优秀的仿作经常让人混淆。您购买的是真品还是赝品？在很多文化中，这完全是一个可笑的问题：只存在喜欢或者不喜欢，仅此而已。在西方人眼里，解决这个紧迫问题的办法就是提高警惕。如果心中的原作买回来却是个赝品，其艺术魅力就突然减少了吗？可能出现的混淆还有一个好处，它能让艺术品市

---

❶ 采样（sampling），即选取其他音乐作品的某个元素（旋律、人声或配乐等）或者某些特殊音效，根据改编者的创意，进行重新演绎（如改变演奏乐器或变调等手段），形成与原乐器或音效完全不同的风格。采样是嘻哈音乐（Hip-Hop）的一种表现手段，经常在制作饶舌歌曲（Rap）的背景音乐或者舞场打碟（DJing）时使用。——译者注

第四章 异想天开？ 85

场的高价作品大幅度降价。毕竟，您永远不知道买回来的到底是不是真迹。如果有人能够丝毫不差地临摹梵·高的油画《向日葵》，那么这简直是对人类莫大的恩赐。我们拥有的就不是一幅而是几幅名画。毕竟，这样的传世之作世间罕有。

在我们看来，某位艺术家冒名创作的某件作品就不能称为仿作。例如，某位艺术家按照保罗·克莱的画风画了一幅画，而实际上保罗·克莱（Paul Klee）从来没画过这幅画。这种情况下，我们应该说，这幅画是根据保罗·克莱作品而完成的，但是它实际上并不是保罗·克莱本人画的。我们认为，违反这一根本原则实际上是一种错误和不道德的行为。我们很想知道，法官是不是也跟我们持同样看法。

视觉艺术家对现存作品的破坏行为也应该有所讨论。举一个具体的例子来说明我们的想法。2007年7月19日，一名叫琳迪·山姆（Rindy Sam）的艺术家在赛·通布利（Cy Twombly）一幅洁白如雪的油画上留下一吻。事情发生在位于法国阿维尼翁的兰伯特（Lambert）博物馆。琳迪随身携带猩红色唇膏绝非偶然，朱唇一吻彻底改变了洁白的油画。她最初解释说自己是在向作品示爱：那幅画哭喊着让我给它画上最后一笔。(Le Monde, 28 July 2007) 不论这一吻看起来多么富有创意和启示性，也不能改变画作严重损毁、无法彻底复原的事实。文字或音乐旋律的修改不会破坏原作，但像油画等一次性作品却有所不同。因此，我们认为，如果有人觉得加盖唇印的方式更适合评价待续之作，那么只能用唇膏重画一遍了。而且，还必须说明，这幅作品是以某人

（如赛·通布利）的作品为基础完成的。

在明信片或更大的载体上翻印视觉作品给了我们什么启示？从原则上讲，版权一旦被废除，就没有任何障碍。我们必须再次牢记，这一行当的制造商不再是——也不可能再是——强大的市场参与者。在它周围，能够制售此类翻印品的企业比比皆是。在一段时间内向艺术家付费是良好的商业行为，不这样做就会损害名誉，形成这样的理念很重要。老调重弹一下，现在基本不可能存在这样的行为。如果失去了法律武器的保障，不敢想象人们的观念和行为将会出现怎样的变化？

我们的结论适用于商标或包装标示吗？我们认为适用。商标等手段为何得以应用？就是为了将某公司的商业活动与其他公司区别开来。现在，版权不复存在。从原则上讲，任何一家公司都可以注册一个商标。——这貌似不太方便，因为这样没法与他人区别开来。更重要的是，任何一家公司的商标都可能会被另外二三十家企业冒用。这就降低了商标遭冒用的可能性。尽管如此，我们并不能百分之百地排除这种可能性。

应该为此感到遗憾吗？我们略微知道，存在这种风险绝非坏事。现而今，我们对产品的辨识严重依赖于厂商商标。这果真是明智之举？稍加思考后，我们便会更加关注产品品质、制作工艺以及对生活的影响。大幅度降低对商标的依赖将有助于我们通过近距离的观察对商品本身形成个人判断。

通过本章的迷你案例分析，我们希望全景展示市场在版权和垄断者不存在的情况下如何运作。当然，此举过于自命不凡，但至少就自己的研究成果而言，我们还是非常谦逊的。我们这样做带有双重目的。首先是检验我们能否摆脱现状。前景真的一片光明？其次，我们对迷你案例作出的诠释可以作为进一步研究的初步理论依据。

第五章 结　　语

层出不穷的疑问

当然，这不是说，您会幡然领悟，意识到应该抛弃版权制度，并不再允许文化市场存在过度垄断。我们对这个问题的思考其实已经酝酿多时。许多人对版权制度是否依旧适应21世纪都存有疑问。他们的疑虑与我们的想法存在相似之处，也有所不同。我们已经讨论了版权制度消失后的情形。我们很快发现，除非将市场条件一并解决，否则废除版权的设想或行动将毫无意义。在我们的研究中，这可能比废除版权的建议更加大胆。

自2008年秋起席卷全球的经济危机，可能提供更多的机会，把制定新的市场监管规则重新提上日程。这并非唾手可得，除了政治勇气，它首先需要开动脑筋，想常人之不敢想。我们需要分析理解为何必须改变各类艺术作品的制作、发行、推广和销售现状。对此，我们在前几章提出的想法仅仅是沧海一粟。我们谨希望我们的观点和方案能够得到认真商酌，并为进一步的研究打下坚实的基础。

这项工作非常有意思，因为其内容是设计全新的市场关系和市场行为，其赢利模式可能与延续至20世纪末的惯有赢利模式完全不同。的确，某些艺术作品和演出有时可能分文不取。但是，对于走上免费之路的人们，克里斯·安德森在《免费》一书中断言，"免费绝非听上去那样简单或者有害。作品免费并不意味着有人赚不到大钱或很多人不会赚点小钱"（2009：127）。他还补充道，人们必须不拘一格，思考如何将声望和关注力变成效益。"这个难题的解决办法因人因项目而异，不过有时不论什么方法都没有用"（2009：233）。

与其他类知识产权有可比性吗？

我们在书中自问道，我们对版权的处理方案是否对其他类知识产权也有意义。即使我们自己不问，旁人也会想知道我们能否回答这一问题。那好吧，迄今为止，我们尚未能对专利权、商标权和品种权进行系统研究。

因此，让我们举几个例子说明当前得出的结论，因为确有明显的迹象表明，其他类知识产权与其说推动了社会高效公平发展，不如说它是社会高效公平发展的障碍。

最好的例子莫过于开源软件。当今世界，很多人按照客户需求编写应用程序大赚特赚。软件经过集体的努力不断得到改进。这对社会和个人都非常有利。

还有一个有趣的例子，就是时装业几乎不再关心版权问题。

打击冒牌货希望渺茫，抢占市场先机获得竞争优势显然更加重要。但是，时装企业密切注意着他人盗用自己商标的行为。在我们看来，这种保护方式也将毫无必要。第四章已经解释过，申请取得产品标识毫无必要。例如，消费者将不再以服装的品牌作为购买的准绳。他们开始更加关心所购产品的内在品质。由此引出了下列问题：产品的制作方式？工厂的生产条件？产品给环境带来了哪些负担或改善？产品将如何影响我们的生活？

作为其他类知识产权的一种，我们认为专利权即将失去用武之地。与版权一样，专利权被人肆意兜售。社会共同创造的大量知识被人占为己有。毕竟，发现源于知识发展的过程，所有人都对此作出了象征性和实质性的贡献。大企业和投资公司收购专利，既覆盖大量知识内容，也不放过微小的知识细节。侵权者将收到措辞严厉的律师信，经济上也将面临重罚以及随之而来的高昂诉讼费。双方的法律纠纷以及聘请维权公司是社会的一大负担。

更令人惊奇的是，您会发现，时下颁布或售出的专利权越来越多，其内容要么早已为人所知，要么就是对既有文化产品的微小变动，当中根本不存在任何新内容。不难发现，这一制度正在变成一个烂摊子。

专利权这种主流模式对于穷国更无益处。其发展所需的大部分知识掌握在盘踞于发达国家的专利权所有者手中。颇具讽刺意味的是，不到百年以前，所有的知识都可自由获取，不收取任何费用，发达国家得以发展起来。可现在，贫穷或赤贫国家亟须的知识几乎全部被专利权屏蔽起来。发展即使成为可能,也变得异常艰难。更不要提那些已经被发达国家企业剽窃并纳入专利保护范围的知识内容,我们已经在前文对此有所讨论。

诸如DNA、基因、血液、种子和食物等实用内容也能形成知识产权,则是专利权声名狼藉的另一原因。这不是道德败坏?任何生物都属于存在的本质,它们应该继续存在。难道不能对人类存在的本质内容网开一面,不进行私有化,而是献给全人类?商业化居然在这个领域站住了脚跟,并未引起大规模抗议,到底哪出了问题?为何人们开始认为所有权范畴可以无限广阔?

对于大多数中小型企业来说,专利权制度用处不大。要想获得专利权,企业必须公布欲进行专利保护的核心"机密",(潜在的)竞争对手因而也将获悉。专利权获取成本高昂且过程复杂,与侵权企业打官司也是一样。此外,大多数发明的寿命有限。总而言之,这打击了中小型企业投巨资获取专利权的积极性。卡洛斯·科雷亚(Carlos Correa)因而总结说,大企业最具有获取专利权的技术能力和财政实力,不论是通过公平的方法还是下流的手段,不论是在国内还是国外。它们拥有的专利权数量占了所有申请并获批的专利权中的绝大多数。因此,这一制度对于它们最有利。(2004:223,4)

专利权的合理性为何不如人们通常认为的多,各种解释不断出现。例如,如果看一看制药行业,我们的质疑只会增加。制药公司经常拿出的理由是,它们需要用专利权保护新药研制的高额投入并弥补研制失败时所产生的成本。这听起来似乎有些道理。

看来，有必要改变这种观念。人们立即就会发现，老百姓自己也资助了药物研制工作。药物研制用的就是我们的钱。总而言之，我们的购药支出包含了三方面内容。其中一小部分是药物的实际生产成本，第二部分是数额可观的营销费用，购药支出的第三部分是研发费用。研究显示，营销费用比药物研发费用多一倍。制药企业有权要求使用专利权来保障投资。购药款的一大部分被制药企业用于市场营销，认识到这一点令人很恼火。（Gagnon 2008：32）

还有一些怪事。制药企业拿了我们的钱，而我们却对其研制药物的种类毫无发言权。此外，整个过程也存在浪费现象。大量知识通过研究被挖掘出来，但只要少部分投入使用，剩下的全部封存在专利中，就是不想付诸实际应用，因为必须榨干畅销药品的经济价值。因此，老百姓投入到药物研制的大部分资金并未得到有效利用，大众也无法加以利用。

既然摆出了如此之多的负面理由，那么我们急需自问，将药物研制工作交给大型制药企业是否靠得住。难道想不到其他办法，让老百姓更接近决定权？我们认为有的。但是，如何办到呢？我们的想法是，我们购药时只支付药物的实际生产成本（就是我们现在购药支出中包含的那一小部分），而将购药款的其余部分存入公共基金。

具体如何操作视各国国情而定。但我们认为，实际操作不应由政府负责，这一点很重要。药物研制品种的独立性和公益性必须得到保障。当然，一大基本前提条件是，相关国家在一定程度上没有腐败。否则，无论怎样，社会也不能行之有效地运转。

那么，药物研制工作如何从公共基金中获得资助呢？假设我们已经分析出应该针对某类疾病研制新药。实验室——不论是研究性的还是商业性的——都可以申请进行研究。实验室可保持必要的规模，以进行各类研究工作。这样一来，垄断性制药企业就没有必要存在。通过竞争法案，此类企业的规模可以降到更加合适的水平。

首先研制哪些药物以及选择哪家研究室可以由医疗界的独立专家和民间代表共同决定。对于同一种疾病，最好委托两到三家实验室根据不同的方法进行研究，以免有的实验室毫无建树，甚至整个研究项目无果而终。在研制过程中，各个实验室互通有无，相关成果无偿提供给所有社会成员。毕竟，我们都支付了研究费用。与目前的体制相比，我们的方案不仅更加公平，而且效率也提高了数倍。疾病的相关知识及治疗方法能够得到优化使用。这一体制还能照顾到穷国流行的疾病，直至现在，针对这些疾病的相关研究过少。此外，它还能大幅度降低这些国家的药物价格。显然，这需要国际合作，世界卫生组织在这一方面可发挥重要作用。

当然，我们不敢说自己的研究毫无疏漏。这个问题依然需要大量的分析思考。但愿我们的提议能够引人深省，使人不再不加思索地全盘接受这种既定说法：制药企业是医疗保健工作唯一可能且可靠的委托人。

呼吁取消专利权体制和高药价还有一个原因，那就是大规模的药品制假贩假活动。这听上去可能令人莫名其妙。药物制假贩假的诱惑力大,收益高且风险低。在很多国家,药品制假问题并未受到重视,或是政界、官界和警界借此捞取不少外块。药品制假对医疗健康造成的极大危害自然不必详述。通过互联网或其他可疑渠道销售的药物毫无疗效,这还是好的情况。成分不明或非处方的假药通常有百害而无一利。不明疗效地服用药物可能引起致命后果。据预测,假药的市场规模在2010年将达到750亿美元。(Pugatch 2007：98,9)

对于这种公共健康的巨大威胁,目前有两种应对手段。其一是将这种罪恶勾当连根铲除。并非只有我们认为这是不能完成的任务。另一种手段就是根除非法贸易的商业价值。如果我们的建议付诸实施,专利权不复存在,那么药品可能只会以成本价出售。由于不再能取得任何收益,造假者也就失去了造假的动力。毕竟,没人愿意亏本生产。由此,我们可以得出一个惊人的结论,废除专利权也有益于公共健康。

许许多多艺术家

在结论这一章,我们的讨论突然从电影、音乐、书籍、话剧、舞蹈、视觉艺术和设计转到社会的医疗领域。这并不完全出人意料。毕竟,如果某种知识产权不合理——如同我们对版权作出的分析结论一样,那么从逻辑上讲,取得其他知识产品的所有权并以专利权加以保护也是有问题的。此外,只有文化领域才会出现市场垄断吗？在过去的几十年里，各行各业都出现了这种现象。所以，知识产权同样适用于很多领域。在这些领域中，市场垄断也同样会产生消极影响。

不过，本书的主题是我们对下列问题的关切：许许多多艺术家和其中间商能够靠经营过上好日子，没有垄断者能够将其边缘化并挤出公众视线，受众能够根据自己的喜好从大量艺术作品中不受限制地进行选择，以及公共领域能够保持住公共性而不被人据为己有。

参考书目

Anderson 2006, Chris, The Long Tail. Why the Future of Business Is Selling Less of More, New York (Hyperion)

Anderson 2009, Chris, Free. The Future of Radical Price, London (RH Business Books)

Bagdikian 2004, Ben H., The New Media Monopoly, Boston (Beacon Press)

Baker 2007, C. Edwin, Media Concentration and Democracy. Why Ownership Matters, Cambridge (Cambridge University Press)

Barthes 1968, Roland, La mort de l'auteur, Manteia, no. 5, 4e trimestre 1968. Published as well in: Roland Barthes, Oeuvres complètes, Tome II, 1966-1973, Paris 1994 (Editions du Seuil): 491-495

Beck 2003, Andrew (ed.), Cultural Work. Understanding the Cultural Industries, London (Routledge)

Benkler 2006, Yochai, The Wealth of Networks. How Social Production Transforms Markets and Freedom, Yale U. P.

Bently 2004, Lionel, and B. Sherman, Intellectual Property Law, Oxford (Oxford University Press)

Bettig 1996, Ronald V., Copyrighting Culture. The Political Economy of Intellectual Property, Bouder (Westview Press)

Boldrin 2007, Michele, and Levine David K, Against Intellectual Monopoly, http://dklevine.com/general/intellectual/againstnew.htm

Bollier 2003, David, Silent Theft. The Private Plunder of Our Common Wealth, New York and London (Routledge)

Boyle 1996, James, Shamans, Software, and Spleens. Law and the Construction of the Information Society, Cambridge MA/ London (Harvard University Press)

Brown 2003, Michael F., Who Owns Native Culture?, Cambridge, Mass. (Harvard University Press)

Coombe 1998, Rosemary J, The Cultural Life of Intellectual Properties. Authorship, Appropriation, and the Law, Durham and London (Duke University Press)

Correa 2000, Carlos M., Intellectual Property Rights, the WTO and Developing Countries. The TRIPS Agreement and Policy Options, London/ Penang (Zed Books/ Third World Network)

Correa 2004, Carlos M., Do small and medium-sized enterprises benefit from patent protection?, in Pietrobelli 2004: 220-239

Cowen 1998, Tyler, In Praise of Commercial Culture, Cambridge and London (Harvard University Press)

Cowen 2002, Tyler, Creative Destruction. How Globalization is Changing the World's Cultures, Princeton and Oxford (Princeton University Press)

Cowen 2006, Tyler, Good & Plenty. The Creative Successes of American Arts Funding, Princeton and Oxford (Princeton University Press)

Croteau 2006, David, and William Hoynes, The Business of Media. Corporate Media and the Public Interest, Thousand Oaks, London, New Delhi (Pine Forge Press)

Deere 2009, Carolyn, The Implementation Game. The TRIPS Agreement and the Global Politics of Intellectual Property Reform in Developing Countries, Oxford (Oxford U. P.)

Doyle 2002a, Gillian, Media Ownership, London (Sage)

Doyle 2002b, Gillian, Understanding Media Economics, London (Sage)

Drahos 2002, Peter, with John Braithwaite, Information Feudalism. Who Owns the Knowledge Economy?, London (Earthscan)

Drahos 2002a, Peter, and Ruth Mayne, Global Intellectual Property Rights. Knowledge, Access and Development, Basingstoke (Hampshire) and New York (Palgrave Macmillan and Oxfam)

Drahos 2005, Peter, An Alternative Framework for the Global Regulation of Intellectual Property Rights, Camberra (Centre for Governance of Knowledge and Development)

Dreier 2006, T., and Hugenholtz, P. B. Concise European Copyright Law, Alphen aan den Rijn (Kluwer International Law)

Drucker 1993, Peter, Innovation and Entrepreneurship, New York (Harper Business)

Fisher 2004, William W., Promises to Keep. Technology, Law, and the Future of Entertainment, Stanford (Stanford University Press)

Florida 2004, Richard, The Rise of the Creative Class. And How It's Transforming Work, Leisure and Everyday Life, London (Basic Books)

Florida 2005, Richard, Cities and the Creative Class, New York-London (Routledge)

Florida 2005a, Richard, The Flight of the Creative Class. The New Global Competition for Talent, New York (HarperBusiness)

Frey 1989, Bruno S. and Werner W. Pommerehne, Muses and Markets. Explorations in the Economics of the Arts, Oxford (Basil Blackwell)

Frey 2000, Bruno S., Art & Economics. Analysis & Cultural Policy, Berlin (Springer)

Frey 2004, Bruno S., Some considerations on fakes in art: an economic point of view, in Mossetto 2004: 17-29

Frith 1993, Simon (ed.), Music and Copyright, Edinburgh (Edinburgh U. P.)

Frith 2004, Simon, and Lee Marshal (ed.), Music and Copyright. Second Edition, Edinburgh (Edinburgh U. P.)

Fukuyama 1995, Francis, Trust. The Social Virtues & the Creation of Prosperity, New York (The Free Press)

Gagnon 2008, Marc-André, and Joel Lexchin, The Cost of Pushing Pills. A New Estimate of Pharmaceutical Expenditures in the United States, in PloSMedicine, January 2008, Vol. 5, Issue 1 (www.plosmedicine.org)

Gemser 2001, Gerda, and Nachoem W. Wijnberg, Effects of Reputational Sanctions on the Competitive Imitation of design Innovations, in Organization Studies 2001, 22/4: 563-591

Germann 2003, Christophe, Content Industries and Cultural Diversity. The Case of Motion Pictures, in Culturelink, Special Issue 2002/2003: 97-140, Zagreb

Gerven 2000, W. van, P. Larouche, and J. Lever, Cases, Materials and Texts on National, Supranational and International Tort Law, Oxford (Hart Publishers)

Ginsburgh 2006, Victor A., and David Throsby (eds.), Handbook of the Economics of Art and Culture, Amsterdam (North-Holland)

Glenny 2008, Misha, McMaffia. Crime Without Frontiers, London (The Bodley Head)

Goldstein 2001, P., International Copyright. Principles, Law and Practice, Oxford (Oxford University Press)

Gowers 2006, Andrew, Gowers Review of Intellectual Property, London (HM Treasury)

Graber 2005, Christoph Beat, a. o. (eds.), Digital Rights Management. The End of Collecting Societies?, Berne (Staempfli Publishers Ltd)

Grandstrand 2003, Ove (ed.), Economics, Law and Intellectual Property, Amsterdam (Kluwer Academic Publicers)

Grosheide 2002, Willem, and Jan Brinkhof (eds.), Intellectual Property Law. Articles on Cultural Expressions and Indigenous Knowledge, Antwerp (Intersentia)

Hagoort 1993, Giep, Cultural Entrepreneurship, Utrecht (Eburon)

Harold 2007, Christine, OurSpace. Resisting the Corporate Control of Culture, Minneapolis (University of Minnesota Press)

Hartley 2005, John (ed.), Creative Industries, Oxford (Blackwell)

Hauser 1972, Sozialgeschichte der Kunst und Literatur, Müuchen (C. H. Beck)

Heins 2003, Marjorie, "The Progress of Science and Useful Arts": Why Copyright Today Threatens Intellectual Freedom", New York (Brennan Center for Justice)

Heller 1985, Agnes, The Power of Shame. A Rational Perspective, London (Routledge & Kegan Paul)

Hemmungs Wirtén 2004, Eva, No Trespassing. Authorship, Intellectual Property Rights, and the Boundaries of Globalization, Toronto (University of Toronto Press)

Hesmondhalgh 2002, David, The Cultural Industries, London (Sage)

Hesmondhalgh 2006a, David (ed.), Media Production, Maidenhead, Berkshire (Open University Press)

Hisrich 2002, Robert D. and Michael P. Peters, Entrepreneurship, Boston (McGraw-Hill)

Hoskins 2004, Colin, Stuart McFadyen, and Adam Finn, Media Economics. Applying Economics to New and Traditional Media, Thousand Oaks and London (Sage)

Howe 2008, Jeff, Crowdsourcing. Why the Power of the Crowd Is Driving the Future of Business, New York (Crown Business)

Keen 2007, Andrew, The Cult of the Amateur. How Today's Internet is Killing Our Culture, New York (Doubleday)

Klein 2007, Naomi, The Shock Doctrine. The Rise of Disaster Capitalism, London/ New York (Penguin)

Kretschmer 1999, Martin, Intellectual Property in Music: A Historical Analysis of Rhetoric and Institutional Practices, special issue Cultural Industry (ed. P. Jeffcutt), Studies in Cultures, Organizations and Societies, 6: 197-223

Kretschmer and Kawohl 2004, Martin and Friedemann, The History and Philosophy of Copyright, in: Frith and Marschall (2004): 21-53

Lane 2001, Cristel and Reinhard Bachmann (eds.), Trust Within and Between Organizations. Conceptual Issues and Empirical Analysis, Oxford (Oxford U. P.)

Lessig 2002, Lawrence, The Future of Ideas. The Fate of the Commons in a Connected World, New York (Vintage)

Lessig 2004, Lawrence, Free Culture. How Big Media Uses Technology and the Law to Lock Down Culture and Control Creativity, New York (The Penguin Press)

Lessig 2008, Lawrence, Remix. Making art and commerce thrive in the hybrid economy, London (Bloomsbury)

Lewinski 2002, Silke von, Indigenous Heritage and Intellectual Property. Genetic Resources, Traditional Knowledge and Folklore, The

Hague (Kluwer Law International)

Litman 2001, Jessica, Digital Copyright, Amherst (New York/Prometeus Books)

Lovink 2007, Geert, and Ned Rossiter (eds.), MyCreativity Reader. A Critique of Creative Industries, Amsterdam (Institute of Network Cultures)

Lovink 2008, Geert, Zero Comments. Blogging and Critical Internet Culture, New York, London (Routledge)

Lovink 2008a, Geert, and Sabine Niederer (eds.), Responses to YouTube, Amsterdam (Institute of Network Cultures)

Macmillan 2002, Fiona, Copyright and corporate power, in Towse 2002: 99-118

Malm 1998, Krister, Copyright and the Protection of Intellectual Property in Traditional Music, Music, Media, Multiculture, Stockholm (Musikaliska akademien)

Martel 2006, Frédéric, De la culture en Amérique, Paris (Gallimard)

Maxwell 2001, Richard (ed.), Culture Works. The Political Economy of Culture, Minneapolis (University of Minnesota press)

McChesney 1999, Robert W., Rich Media, Poor Democracy. Communication Politics in Dubious Times, Urbana and Chicago (University of Illinois Press)

McChesney 2007, Robert, Communication Revolution. Critical Junctures and the Future of Media, New York (The New Press)

Mossetto 2004, Gianfranco, and Marilena Vecco (eds.), The Economics of Copying and Counterfeiting, Milano (FrancoAngeli)

Motavalli 2002, John, Bamboozled at the Revolution. How Big Media Lost Billions in the Battle for the Internet, New York (Viking)

Naím 2005, Moíses, Illicit. How smugglers, traffickers, and copycats are hijacking the global economy, New York (Doubleday)

Netanel 2008, Neil Weinstock, Copyright's Paradox, Oxford/ New York (Oxford University Press)

Nimmer 1988, M. B., and P. E. Geller, International Copyright Law and Practice, New York (Bender)

Nimmer 1994, M. B. and D. Nimmer, Nimmer on Copyright: A Treatise on the Law of Literary, Musical and Artistic Property, and the Protection of Ideas, New York (Bender)

Nooteboom 2002, Bart, Trust. Forms, Foundations, Functions, Failures and Figures, Cheltenham, UK (Edward Elgar)

Nuss 2006, Sabine, Copyright & Copyriot. Aneignungskonflikte um geistiges Eigentum im informationellen Kapitalismus, Münster (Westfälisches Dampfboot)

Obuljen 2006, Nina, and Joost Smiers, Unesco's Convention on the

Protection and Promotion of the Diversity of Cultural Expressions. Making It Work, Zagreb (Culturelink)

Perelman 2002, Michael, Steal This Idea. Intellectual Property Rights and the Corporate Confiscation of Creativity, New York (Palgrave)

Pérez de Cuellar 1996, Javier, Our Creative Diversity. Report of the World Commission on Culture and Develoipment, Paris (Unesco Publishing)

Picciotto 2002, Sol, Defending the Public Interest in TRIPS and the WTO, in Drahos 2002a: 224-243

Pietrobelli 2004, Carlo, and Árni Sverrisson, Linking Local and Global Economies. The ties that bind, London (Routledge)

Polanyi 1957, Karl, The Great Transformation. The Political and Economic Origins of Our Time, Boston (Beacon Press)

Pugatch 2007, Meir p. , and Anne Jensen, Healthy IPRs. A Forward Look at Pharmaceutical Intellectual Property, London (The Stockholm Network)

Renschler 2002, Ruth, The Entrepreneurial Arts Leader. Cultural Policy, Change and Reinvention, Queensland (The University of Queensland press)

Ricketson 2006, S. and J. C. Ginsburg, International Copyright and Neighbouring Rights: The Berne Convention and Beyond, Oxford

(Oxford U. P.)

Rifkin 2000, Jeremy, The Age of Access. The New Culture of Hypercapitalism, Where All of Life is a Paid-for Experience, New York (Jeremy P. Tarcher/ Putnam)

Rose 1993, Mark, Authors and Owners. The Invention of copyright, Cambridge, Mass. (Harvard University Press)

Rossiter 2006, Ned, Organized Networks. Media Theory, Creative Labour, New Institutions, Rotterdam (NAi)

Rushdie 193, Salman, Shame, London (Picador)

Said 1993, Edward W. , Culture and Imperialism, New York (Alfred A. Knopf)

Schiller 2000, Dan, Digital Capitalism. Networking the Global Market System, Cambridge (MA) / London (The MIT Press)

Sherman 1994, B. , and A. Strowel (eds.), Of Authors and Origins: Essays on Copyright Law, Oxford (Clarendon Press)

Shiva 1997, Vandana, Biopiracy. The Plunder of Nature and Knowledge, Boston MA (South End Press)

Shiva 2001, Vandana, Protect or Plunder? Understanding Intellectual Property Rights, London (Zed Books)

Shohat 1994, Ella and Robert Stam, Unthinking Eurocentrism. Multiculturalism and the Media, London and New York (Routledge)

Shulman 1999, Seth, Owning the Future, New York (Houghton Mifflin Company)

Siwek 2007, Stephen E. , Copyright Industries in the U. S. Economy, Washington (Economists Incorporated)

Smiers 1998, Joost, État des lieux de la création en Europe. Le tissu culturel déchiré, Paris (L'Harmattan)

Smiers 2001, Joost, La propriété intellectuelle, c'est le vol ! Pladoyer pour l'abolition des droits d'auteur, In Le Monde Diplomatique, septembre 2001

Smiers 2003, Joost, Arts Under Pressure. Promoting Cultural Diversity in the Age of Globalization, London (Zed Books)

Smiers 2004, Joost, Artistic Expression in a Corporate World. Do We Need Monopolistic Control?, Utrecht (Utrecht School of the Arts)

Smiers 2008, Joost, Creative Improper Property. Copyright and the Non-Western World, in Third Text, Vol. 22, Issue 6, November 2008: 705-717

Stallabrass 2004, Julian, Art Incorporated. The Story of Contemporary Art, Oxford (Oxford U. P.)

Tadelis 2006, Steve, The Power of Shame and the Rationality of Trust, München (Hans Möller Seminar)

Tapscott 2008, Don, and Anthony D. Williams, Wikinomics. How Mass Collaboration Changes Everything, New York (Portfolio)

Thomas 2004, Pradip N. , and Zaharom Nain (eds.), Who Owns the Media? Global Trends and Local Resistances, London (Zed Books)

Toulouse, J. M. , L' Entrepreneurship au Quebec, Les Presses H. E. C. , Montreal, 1980

Toynbee 2001, Jason, Creating Problems. Social Authorship, Copyright and the Production of Culture, Milton Keynes (The Pavis Centre for Social and Cultural Research)

Towse 2000, Ruth, Copyright, Incentive and Reward. An Economic Analysis of Copyright and Culture in the Information Age, Rotterdam (Erasmus University)

Towse 2002, Ruth (ed.), Copyright in the Cultural Industries, Cheltenham (Edward Elgar)

Towse 2003, Ruth (ed.), A Handbook of Cultural Economics, Cheltenham (Edward Elgar)

Towse 2003a, Ruth, Copyright and Cultural Policy for the Creative Industries, in: Grandstrand 2002: 1-10

Towse 2004, Ruth, Copyright and Economics, in: Frith and Marshall (2004): 54-69

Towse 2006, Ruth, Copyright and Creativity. Cultural Economics for the 21st Century, Rotterdam (Erasmus University)

Unesco 2005, Convention on the Protection and Promotion of the Diversity of Cultural Expressions, Paris (Unesco)

Utton 2003, M. A., Market Dominance and Antitrust Policy, Cheltenham, UK (Edward Elgar)

Vaidhyanathan 2001, Siva, Copyrights and Copywrongs. The Rise of Intellectual Property and How It Threatens Creativity, New York and London (New York University Press)

Vaidhyanathan 2004, Siva, The Anarchist in the Library. How the Clash Between Freedom and Control is Hacking the Real World and Crashing the System, New York (Basic Books)

Wendland 2002, Wend, Intellectual Property and the Protection of Cultural Expressions. The Work of the World Intellectual Property Organization (WIPO), in Grosheide 2002: 102-138

Wilkin 2001, Peter, The Political Economy of Global Communication, London (Pluto Press)

Zimmerman 2008, Diane L., Living without Copyright in a Digital World, in Albany Law Review

Zittrain 2008, Jonathan, The Future of the Internet and How to Stop It, New Haven & London (Yale University Press)